古川奈美子 著

# 奥むめお ものがたり

## 女性解放への厳《きび》しい道を歩んだ人

もくじ

## 第六章　働《はたら》く婦人《ふじん》の家

## こぼれ話《ばなし》　227



写真協力　河村真紀子（主婦連合会事務局次長・奥むめおの孫）　絵　阿見みどり

# プロローグ

一九五九年（昭和《しょうわ》三十四年）十一月、参議院予算委員会《さんぎいんよさんいいんかい》でのことでした。

「やめろ、味噌《みそ》だのたくあんだの、台所の話なんかやめてくれ。国会で取り上げるようなテーマではないぞ」

「そうだ、そうだ。予算委員会《よさんいいんかい》とは防衛《ぼうえい》問題とか、外交《がいこう》問題を質問したり、論《ろん》じるところだ。台所の話なんて場違《ばちが》いだぞ」

国会議事堂参議院《こっかいぎじどうさんぎいん》の一番大きな会議室《かいぎしつ》、第一委員室《いいんしつ》で開かれている予算委員会《よさんいいんかい》では今、おかしな野次《やじ》と失笑《しっしょう》がわきおこっていました。速記《そっき》が止《と》められて議事《ぎじ》は中断《ちゅうだん》しています。

そのなかで奥《おく》むめおは轟然《ごうぜん》とよく響《ひび》く声を張《は》り上げ、話し続けました。

「いいえ、味噌《みそ》やたくあんやジュースの鮮《あざ》やかな色素《しきそ》や、生《なま》ものがいつまでも腐敗《ふはい》しない防腐剤《ぼうふざい》などの添加物《てんかぶつ》が体に危険《きけん》なのです。国民《こくみん》生活の大事《だいじ》な食べ物の基本《きほん》です。ですから私《わたし》は食品や日用品の品質《ひんしつ》を規制《きせい》し、監視《かんし》をしていただきたいと厚生省《こうせいしょう》に申《もう》し上げているのです。

私《わたし》がこんなことを国会でテーマにしないでもよい時代が、早く来ることを願《ねが》っています」

　これは、若《わか》い頃《ころ》は女性の地位向上《ちいこうじょう》と解放《かいほう》のため、そして今は、主婦《しゅふ》が一人の女性として正しく評価《ひょうか》されるため尽力《じんりょく》してきたむめおの演説風景《えんぜつふうけい》です。消費者《しょうひしゃ》を守るため、五十年近くを闘《たたか》ってきたむめおは、国会でこの演説にすべてをかけていました。緑風会議員《りょくふうかいぎいん》の一人としての、むめお、三期目《さんきめ》のことでした。


　このようにはっきりと宣言《せんげん》したのには、むめおのしっかりとした哲学《てつがく》がありました。

「私《わたし》の履歴書《りれきしょ》」日経新聞社版《にっけいしんぶんしゃばん》にもむめおは書いています。

「……私《わたし》には私流《わたしりゅう》の考《かんが》え方《かた》がある。それは、主婦連《しゅふれん》に働《はたら》く仕事《しごと》が無《な》くなって、失業《しつぎょう》する日《ひ》が一日《いちにち》でも早《はや》く来《く》るようにと、私《わたし》はかく願いつつ忙《いそが》しく働《はたら》いている。

……この国の多くの消費者《しょうひしゃ》が消費者《しょうひしゃ》としての正しい自覚《じかく》に立ったとき、主婦連合会《しゅふれんごうかい》のごときものが騒《さわ》がなくとも、不正《ふせい》な商人《しょうにん》からものを買わないだろうし、ごまかし商品はボイコットするであろう。役人《やくにん》や業者《ぎょうしゃ》や政治家《せいじか》も一身《いっしん》の利害《りがい》を離《はな》れて公共《こうきょう》の福祉《ふくし》第一にことを運ぶようになれば、主婦連《しゅふれん》ももって瞑《めい》すべしとして、自《おの》ずから『おしゃもじ』を焼《や》くであろう」

それだけにその日の演説《えんぜつ》には力もはいっているのでした。

男性議員《だんせいぎいん》たちは思いもよらないこの発言に虚《きょ》を衝《つ》かれたようです。この当時、個々人《ここじん》の消費者《しょうひしゃ》に眼《め》を向ける政治《せいじ》はなくて、大《おお》きな会社《かいしゃ》や生産者《せいさんしゃ》に都合《つごう》のよい施策《しさく》ばかりを考えて法律《ほうりつ》も行政《ぎょうせい》も運営《うんえい》されていたからです。

一方、消費者《しょうひしゃ》問題は常《つね》に多岐《たき》に広がり、各省《かくしょう》にまたがった問題ばかりです。何か問題が起きると、むめおたちはおしゃもじを持ってそれに関連《かんれん》した農林省《のうりんしょう》に、通産省《つうさんしょう》や厚生省《こうせいしょう》にと連日《れんじつ》押《お》しかけました。不満《ふまん》や要求《ようきゅう》を持ってそれぞれの省《しょう》を回り、陳情《ちんじょう》して、担当《たんとう》の役人に説明《せつめい》し、要望《ようぼう》するのです。

この激《はげ》しい運動を進めていく日々が続《つづ》くうちに、思いは固《かた》まりました。

「こんな不合理《ふごうり》なことでは消費者《しょうひしゃ》問題はいつも中途半端《ちゅうとはんぱ》にされてしまう、ぜひとも、統一《とういつ》した役所をつくらなければならない」

消費《しょうひ》生活を充実《じゅうじつ》させるためには、家庭の声、主婦《しゅふ》の声、国民《こくみん》の求《もと》めている叫《さけ》びを国会に届《とど》け、消費者《しょうひしゃ》問題に関《かか》わる法律《ほうりつ》を作るという政治《せいじ》の力がぜひとも必要《ひつよう》だと考えるように

国は消費者保護のため、生活省を設けなさい。主婦の願いを背景に奥会長の国会活動。1959年。

なったのです。

前記の参議院予算委員会《さんぎいんよさんいいんかい》のドラマがおきてからも絶《た》え間《ま》なく、消費者保護《しょうひしゃほご》を訴《うった》えて、むめおは、厚生委員会《こうせいいいんかい》、商工委員会《しょうこういいんかい》、農林委員会《のうりんいいんかい》に出席《しゅっせき》を要求《ようきゅう》し、各委員会《かくいいんかい》の担当議員《たんとうぎいん》に趣《しゅ》旨《し》を説明《せつめい》し理解《りかい》を求《もと》めていきました。

しかしむめおの発言には、いつもあいかわらずのヤジが飛《と》び、罵声《ばせい》を浴《あ》びながらの孤軍《こぐん》奮闘《ふんとう》でした。

むめおは、各省庁《かくしょうちょう》で行き違《ちが》いがあり、各省庁《かくしょうちょう》にまたがる問題も出て、縄張《なわば》りを争《あらそ》うなど、この煩《わずら》わしくもあり、大変《たいへん》な労力《ろうりょく》の無駄《むだ》をなくし、きめ細かい法律《ほうりつ》を作って、国民《こくみん》を守りたいとしみじみ思《おも》うようになります。

それには消費者《しょうひしゃ》問題を一本にまとめ、網羅《もうら》した役所を創《つく》らなければならない、「それは生活省《せいかつしょう》をつくることだ」と考えるようになり、このことに、さらに邁進《まいしん》します。

この予算委員会《よさんいいんかい》のドラマがあって三年後、一九六二年（昭和《しょうわ》三十七年）、本会議場《ほんかいぎじょう》での緑風会《りょくふうかい》を代表する演説《えんぜつ》の機会《きかい》が再び与《あた》えられました。その席でむめおは当時の池田総理大臣《いけだそうりだいじん》に、消費者《しょうひしゃ》を守るために「生活省《せいかつしょう》」を設置《せっち》するように要求《ようきゅう》します。

生活省設置《せいかつしょうせっち》の構想《こうそう》は、むめおの消費者保護《しょうひしゃほご》運動を円滑《えんかつ》に進めるための悲願《ひがん》だったからです。しかし歳月はさらに流れ、やっと二〇〇九年（平成《へいせい》二一年）になって、むめおにとってはまだまだ不充分《ふじゅうぶん》なものではあっても、消費者庁《しょうひしゃちょう》という形で消費者、生活者のための行政機関が実現しました。じつに五十年近く、半世紀《はんせいき》の歳月《さいげつ》が経過《けいか》していました。

この悲願《ひがん》が、じつはむめおに、緑風会《りょくふうかい》の議員《ぎいん》としての参議院《さんぎいん》活動をさせるもとにもなっています。

しかし緑風会《りょくふうかい》の議員《ぎいん》を三期、十八年つとめたむめおは、このあと四期目の出馬をあきらめます。

これには理由があります。党利党略《とうりとうりゃく》をもたず無所属《むしょぞく》で大臣《だいじん》も出さないという良識的《りょうしきてき》な緑風会《りょくふうかい》の理念《りねん》は、やはり理想が高過《たかす》ぎました。後《のち》に大臣《だいじん》になりたい人や、選挙《せんきょ》に当選しやすい党《とう》を目当てにして、議員《ぎいん》たちはだんだんよその党《とう》に去っていきます。

国会の中は、政党《せいとう》の勢《いきお》いが強くなって、緑風会《りょくふうかい》が中立の立場を守るという参議院《さんぎいん》の中で

新しい主婦会館「プラザエフ」外観

の本来の姿《すがた》も失《うしな》っていきます。
こんな中でこの会派《かいは》がむめおの理念《りねん》とは離《はな》れてきたことと、議員《ぎいん》が減《へ》って四名になってしまい、交渉団体《こうしょうだんたい》として院内《いんない》活動ができなくなっていったことにより出馬を断念《だんねん》したのでした。

さて、先述《せんじゅつ》の、味噌《みそ》やたくあんの添加物《てんかぶつ》に関《かん》しては、あの演説《えんぜつ》の後《あと》、どう改正《かいせい》されていったのでしょうか。
発がん性《せい》があるとの理由で、たくあんの黄色の色素《しきそ》、オーラミンは一九五三年（昭和《しょうわ》二十八年）に、人工甘味料《かんみりょう》のズルチンは一九六八年（昭和《しょうわ》四十三年）に、チクロは一九六九年（昭和《しょうわ》四十四年）に禁止《きんし》されています。

しかし、その後も食の安全を脅《おびや》かす問題は起こり続いています。やっと二〇〇三年（平成《へいせい》十五年）食品安全基《き》本法《ほんほう》が制定《せいてい》されましたが、これで消費者の食の安全が確保できたと言えるには至《いた》っていません。

# 第一章　少女時代《しょうじょじだい》、働《はたら》き者の長女でした

# 「むめお」はペンネーム

ムメオは鍛冶屋《かじや》の父、和田甚三郎《わだじんざぶろう》、母、はま、の長女です。秋、越前《えちぜん》平野に見渡《みわた》す限《かぎ》り黄金色《こがねいろ》の稲穂《いなほ》がたわわに実る福井市《ふくいし》のはずれに、一八九五年（明治《めいじ》二十八年）十月二十四日に生まれました。

戸籍上《こせきじょう》の名前は「和田梅尾《わだうめお》」ですが、古語で梅《うめ》をムメと読んでいたことから、父はムメオと書いていました。ムメオはこのよび名が好きでした。後《のち》に婦人《ふじん》運動にはいってからはペンネームとして「むめお」を使っています。

兄弟は七人でした。神童といわれた俊才《しゅうさい》の兄と長女のムメオ。弟は幼《おさな》くして亡《な》くなり、下には妹が四人いました。

今でもムメオの記憶《きおく》の中にあざやかに映《うつ》し出された幼《おさな》い頃の景色《けしき》があります。それは大きな白壁《しらかべ》の土蔵《どぞう》にまぶしく夏の午後の日ざしが反射《はんしゃ》していた庭を、祖父《そふ》が重そうに何かをかかえて横切っていく姿《すがた》です。

## 読書をすすめてくれた父

ムメオの父は三代続《つづ》いた鍛冶屋《かじや》の長男でした。この店では鍬《くわ》や鎌《かま》などの農機具や荷車の車輪《しゃりん》、機織《はたお》り機《き》などを造《つく》っていました。家には祖父《そふ》と祖母《そぼ》、父母、子どもが七人、職人《しょくにん》が三人、それにばあやもいてたいへん大所帯《おおじょたい》でした。

祖父《そふ》は学問好《ず》きの父を心配していました。鍛冶屋《かじや》を継《つ》がないと言いだすのをおそれていたからです。案《あん》の定《じょう》、父は鍛冶屋《かじや》を嫌《きら》っていましたが、祖父《そふ》の言いつけどおりにいやいや鍛冶屋《かじや》になりました。

勉強することができなかったことを生涯《しょうがい》父は悔《く》やみ、残念《ざんねん》に思っていました。後《のち》に母を嫁《よめ》にもらい、戸主《こしゅ》になってから、あらゆる分野の本をむさぼるように読みふけったのもこのためでした。

東京《とうきょう》の新聞や大阪《おおさか》の新聞を何種類《なんしゅるい》もとりよせていましたが、その新聞が福井《ふくい》に配達《はいたつ》されるのは毎日午後。到着《とうちゃく》すると父は取るものも取り合えず帳場《ちょうば》で広げて読むという有様《ありさま》でした。後々《のちのち》、父を思うとき軒先《のきさき》深くほの暗《ぐら》いこの帳場《ちょうば》の景色《けしき》がムメオの脳裏《のうり》をかすめます。これらの新聞を兄やムメオも夢中《むちゅう》で読みました。

また、父は外出して帰るといつも着物のふところを大きくふくらませていました。子どもたちはにっこり笑《わら》って顔を見合わせ

「お父《とう》さん、今日のおみやげはなんですか」

と心を躍《おど》らせています。するとふところからはたくさんの絵本がでてきました。ですからムメオたちのまわりには、カチカチ山や、したきりすずめの、口や目の、赤や青や黄色がずれて印刷《いんさつ》された和とじの絵本がいっぱいでした。

当時、父は毎日新聞の切り抜《ぬ》きをして、行李《こうり》にぎっしりとつめ、とても大切にしていました。

もう一つ特記《とっき》しなければならないことがあります。友人から借《か》りた辞書《じしょ》を自分で和紙に書き写し、綴《と》じて作った手製《てせい》の辞書《じしょ》を持っていたことです。やぶれると貼《は》り合わせて修理《しゅうり》します。手垢《てあか》に汚《よご》れたページをくっている姿《すがた》を、ムメオはなつかしく思い出します。

家には父の買い集めたたくさんの本がありました。アイウエオ順《じゅん》に文学、歴史《れきし》などと

カードを作り箱《はこ》に分類《ぶんるい》して、図書館のように整理《せいり》してムメオたちにも読ませることを楽しんでいました。

この家には不釣《ふつ》り合《あ》いな立派《りっぱ》な本棚《ほんだな》も据《す》えられてあり、国文学、歴史《れきし》、辞書《じしょ》の言海《げんかい》、辞《じ》林《りん》、漢詩《かんし》、小説《しょうせつ》まで並《なら》べてありました。ムメオはわからないことがあると父に聞きます。すると父は喜《よろこ》んで一緒《いっしょ》に調べてくれました。

父は着物《きもの》やリボンは買ってくれませんでしたが、子どもたちには書物だけは何冊《なんさつ》でも自由に買いたいだけ買ってもよいと快《こころよ》く支払《しはら》いをしてくれたのです。一方で、子どもたちが自分の知らない本を買ってくると、

「おまえたちは本を読んで新しい文化をどんどん取り入れなさい」

といいながら、父はムメオたちが自分の知らない新しいものを読むことを目を細めて喜《よろこ》んでいました。

こうしてムメオは、白秋《はくしゅう》、茂吉《もきち》、晶子《あきこ》、漱石《そうせき》を愛読《あいどく》するようになります。当時新しい文学をめざしていた有島武郎《ありしまたけお》、志賀直哉《しがなおや》等《など》のかかげる理想主義《りそうしゅぎ》、人道主義《じんどうしゅぎ》の「白樺《しらかば》」は、兄がすすめてくれました。また、その頃創刊《そうかん》された平塚《ひらつか》らいてうの「青鞜《せいとう》」は父が買ってく

れたものです。

父は母には暴君《ぼうくん》で厳《きび》しい人でしたが、子どもたちの読書や勉強に関《かん》してはとてもおおらかでした。

ムメオが女学校に入った頃、父は全国に仲間《なかま》がいる「北陸文学《ほくりく》」という漢詩の同人誌《どうじんし》を発行していました。ムメオはその編集《へんしゅう》を手伝《てつだ》いました。後々《のちのち》この編集《へんしゅう》の仕事は婦人《ふじん》運動の役に立ちました。

父は、ふだんの生活はとてもつましい人でした。食事も質素《しっそ》で使用人も同じものを食《た》べ風呂《ふろ》も順番《じゅんばん》なし、起床《きしょう》も一緒《いっしょ》という状態《じょうたい》でした。すべてにつましかったのですが、ことに身を飾《かざ》ることはたいへん嫌《きら》っていました。

後年《こうねん》、市会議員《しかいぎいん》に当選した父のために、母は、甲斐絹総裏《かいきそううら》つきの仙台平《せんだいひら》のハカマを二晩《ふたばん》かけて縫《ぬ》い上げ着せようとしました。すると父は烈火《れっか》のごとく怒《いか》り、

「こんなものでおれの値打《ねう》ちがあがると思っとるのか」

と怒鳴《どな》り散《ち》らし、踏《ふ》みしだいてずたずたに破《やぶ》いてしまいました。そうして父は、よれよれのふだんのハカマをはいて議会《ぎかい》に出かけました。このとき母が泣《な》き崩《くず》れていたことをムメ

オは後々《のちのち》まで忘《わす》れられません。

　鉛色《なまりいろ》の空に押《お》しつぶされて半年近く深い根雪《ねゆき》に埋《う》もれて暮《く》らす北陸《ほくりく》のこの土地柄《とちがら》から、明治《めいじ》、大正《たいしょう》時代にはどこの家庭でも男尊女卑《だんそんじょひ》があたりまえでした。男性《だんせい》がすべてを支配《しはい》し有無《うむ》を言《い》わせない、女性にとっては忍従《にんじゅう》の時代でした。

福井県立高等女学校三年生（明治43年）

## 福井《ふくい》県立高等女学校入学までのこと

　父は自分が果《は》たせなかった夢《ゆめ》を子どもたちに託《たく》そうと、

「おまえたちには上級の学校へはどこまでも行かせてやる」

と、ときには涙《なみだ》ぐみながらいいました。

　ムメオが小学校の四年生の秋、担任《たんにん》の先生の来訪《らいほう》をうけました。女学校受験《じゅけん》をすすめるためです。当時、小学校は四年制《よねんせい》でした。女学校受験《じゅけん》のためには小学校六年卒業《そつぎょう》の資格《しかく》が必要《ひつよう》でしたので、師範《しはん》学校の付属《ふぞく》小学校に転校《てんこう》して卒業《そつぎょう》しなければなりません。

母は進学に反対でした。ムメオは体が弱いうえ、母のつとめのはずの家事《かじ》いっさいが肩《かた》にかかっていたこともあります。そのうえ、遠い道のりの通学を心配したからでもありました。

一方、ムメオは勉強が楽しかったので女学校進学を強く希望《きぼう》しました。父は大喜《おおよろこ》びです。ムメオは、師範《しはん》学校の付属《ふぞく》小学校四年の編入学試験《へんにゅうがくしけん》の勉強のために、担任《たんにん》の先生の家に毎晩《まいばん》通うようになりました。

人通りの途絶《とだ》えたあられの降《ふ》る夜の暗い道を、こわくてこわくて「なむまいだ、なむまいだ」と、お経《きょう》を唱《とな》えながら走って帰ったことは、後々《のちのち》まで忘《わす》れることができません。

こうして無事《ぶじ》編入《へんにゅう》がかなって付属《ふぞく》小学校の五年生になりました。家から遠い町の中心地の学校まで、毎日がんばって歩いて通うようになり、弱かった体は真っ黒に日焼《ひや》けして元気で丈夫《じょうぶ》な子どもになりました。

ところがこうして福井県立《ふくいけんりつ》高等女学校入学試験《しけん》が近づいたとき、ムメオは高熱《こうねつ》を出し肺《はい》炎《えん》をこじらせて、肋膜炎《ろくまくえん》になってしまいました。

父はどうしてでも受験《じゅけん》させると言い張《は》りますが、母は泣《な》いてやめさせようとしました。

父はあきらめきれずに、当日とうとうお医者さんに無理《むり》に頼《たの》んで看護婦《かんごふ》さんをつけてもらい、ふとんとムメオを人力車に乗せて女学校の小使い室にのりこみました。

ムメオは小使い室で寝《ね》たまま答案《とうあん》を書き合格《ごうかく》します。

無事《ぶじ》、福井県立《ふくいけんりつ》高等女学校に合格《ごうかく》したとき、父は大変《たいへん》な喜《よろこ》びようで涙《なみだ》を浮《う》かべていました。

当時、女の子は小学校卒業《そつぎょう》で学業は終わりというのが普通《ふつう》でした。女学校へ入るということは特別な人にかぎられていました。この町では女学校へ進学したのはムメオの他《ほか》にはもう一人だけだったのです。

兄を中学校へ、ムメオを女学校へ。上の二人の子どもを進学させたことは父にとってたいへん誇《ほこ》らしいことでした。

## 母のこと

ムメオの母は長い豊《ゆた》かな黒髪《くろかみ》と切れ長でうるんだ瞳《ひとみ》をもった美しい人でした。子ども心にも、きれいな人だと誇《ほこ》りに思っていたものでした。父はその器量《きりょう》にひかれ、跡取《あとと》り娘《むすめ》であった母に無理《むり》を言って妻《つま》にしました。福井《ふくい》では『もらい嫁《よめ》』という風習がありました。母のように美しい嫁《よめ》をもらうには、嫁入《よめい》り支度《じたく》いっさいを男性のほうが負担するというしきたりです。女性にとって『もらい嫁《よめ》』というのはたいへん名誉《めいよ》なことでした。

しかし、封建《ほうけん》時代のなごりだったのでしょう。どんなに望《のぞ》まれて結婚《けっこん》しても、いったん、嫁《よめ》に来てしまえばもう嫁《よめ》は横暴《おうぼう》な主人の持ち物のようなものでした。

北陸《ほくりく》の冬は過酷《かこく》です。屋根からの雪おろしを、一冬《ひとふゆ》に何回もしなければならないほど雪《ゆき》が積《つ》もります。家の周りをぐるりと板で囲《かこ》い、雪に閉《と》ざされた暗い家の中で、母はよく縫《ぬ》い物をしたり、横になって休んでいました。もともと体の弱い母は、七人の子どもを生《う》んで育て、家業を助け使用人の世話をし、体を酷使《こくし》したのです。そのためいつも病気がちでした。

こんな病弱な母の代わりに、ムメオは小学校の二年生頃にはもう、母やばあやに教えてもらって家の仕事を引き受け、働《はたら》いていました。朝は電灯《でんとう》がついている頃から、丁稚《でっち》といっしょに家中《いえじゅう》の掃除《そうじ》をします。家族や大勢《おおぜい》の職人《しょくにん》の朝食の支度《したく》をし、妹たちに着物を着せて学校へ送り出します。それから自分も身支度《みじたく》をして登校するのでした。

ムメオにとっては洗濯《せんたく》も大変《たいへん》な仕事でした。冬には氷のような冷《つめ》たい川で妹たちのおむつを洗《あら》います。ですから川から帰る頃には手はまっかにこごえ、おむつが凍《こお》って棒《ぼう》のようになっていたものです。ムメオも体は弱かったのですが、きびきびと働《はたら》き、働《はたら》くことをいとわぬ少女でした。

病床《びょうしょう》の母に食事を持っていったムメオのひび割《わ》れた手をなでながら、母はしばしば涙《なみだ》ぐみながらつぶやきました。

「小さいのにこんなに手が荒《あ》れて。かわいそうにね」

その頃《ころ》の福井《ふくい》のしきたりでは、盆暮《ぼんく》れ、誕生《たんじょう》の祝《いわ》い事《ごと》、節句祝《せっくいわ》いは妻《つま》の実家が引きうけることになっていました。当然《とうぜん》、医療費《いりょうひ》は実家《じっか》で支払《しはら》うのでした。ですから、だんだん病《やまい》が重くなり末《すえ》の妹を生《う》んだ頃、結核《けっかく》にかかった母は実家へ帰されました。

母の実家は大きな農家で、庭先には麦が金色に揺《ゆ》れていました。ムメオはさびしくなると、朝、学校へ行く前に、療養《りょうよう》していた母のところへ寄《よ》っていました。

亡《な》くなる前、母は病院に入院しました。ムメオは母の食欲《しょくよく》が衰《おとろ》えていくのを悲しく思って、母の喜《よろこ》びそうな牡丹餅《ぼたもち》などを作っては運びました。

父はとうとう一度も見舞《みま》いには行《い》きませんでした。本当は行きたかったのだと思います が、封建《ほうけん》時代の世の風潮《ふうちょう》が、男の面子《めんつ》が、母の元へは行かせなかったのだと思います。

ムメオが女学校の二年生のとき、美しかった母は三十三歳の若《わか》さで亡《な》くなりました。寝《ね》たり起きたりばかりしていた母でしたが、亡《な》くなってみると、ぽっかりと穴《あな》が開《あ》いたような悲しみが、ムメオにせまってきました。

この頃のからムメオは女の一生について、つくづく考えることも多くなりました。

## 機織《はたお》りの町、読経《どきょう》が流れる町

福井《ふくい》は羽二重《はぶたえ》の産地《さんち》です。昔から機織《はたお》りが盛《さか》んで、農家のおばさんたちは綿《わた》ぼこりをあげて一日中「チャッキン、チャッキン」と織物《おりもの》を織《お》っていました。農家の貧《まず》しい暮《く》らしを助けるために、内職《ないしょく》にしていましたので、機織《はたお》りが上手《じょうず》な女の人は「いい嫁《よめ》」でした。

若《わか》い娘《むすめ》たちは朝早くから下駄《げた》の音を響《ひび》かせて、ムメオの家の店の前をぞろぞろ通り、機《はた》織《お》り工場へ働《はたら》きに行きます。ムメオは幼少《ようしょう》の頃《ころ》からその姿《すがた》を見てそだちましたので、機織《はたお》りはとても身近なものでした。

　ムメオの家には近所に家作《かさく》があり、その家賃《やちん》をとりにいくのがムメオの仕事でもありました。その家のおばさんたちが織《お》るはたは、ムメオにとって、とても魅力的《みりょくてき》なものに見えました。あるとき、

「おばさん。私《わたし》にもはたを織《お》らせてもらえないかしら。お母《かあ》さんがだめだっていうんだけれど、どうしてもやってみたいのよ。お願《ねが》い」

と言ってはたを織《お》らせてもらったことがあります。ムメオはこのとき、絹《きぬ》の織物《おりもの》が紫《むらさき》やあざやかな黄色の縞模様《しまもよう》につやつやかがやいて織《お》りあがっていく美しさに、目をみはり興奮《こうふん》しました。それはとても楽しい経験《けいけん》でした。

　しかし、その頃、機織《はたお》りは卑《いや》しい職業《しょくぎょう》といわれ、母は嫌《きら》っていました。ムメオはどうして卑《いや》しい職業《しょくぎょう》といわれるのかと、その意味がわかりません。長い年月、このことがムメオの胸《むね》のうちにわだかまりとなって残《のこ》りました。母は大きな農家《のうか》の娘《むすめ》で育ちましたし、もらい嫁《よめ》でしたから、貧《まず》しい者の仕事という意識《いしき》があったのでしょう。

後年《こうねん》になってムメオは、機織《はたお》りの女工を体験《たいけん》することになります。

もう一《ひと》つ、福井《ふくい》には特記《とっき》することがあります。

それは、禅宗《ぜんしゅう》の大本山永平寺《だいほんざんえいへいじ》があることから仏教《ぶっきょう》の信仰《しんこう》があつい土地柄《とちがら》だったということです。

ムメオの生家には家の中心に仏間《ぶつま》があり、立派《りっぱ》な仏壇《ぶつだん》もありました。祖父《そふ》の読経《どきょう》に合わせて職人《しょくにん》も一緒《いっしょ》に家内中《かないじゅう》が正座《せいざ》して唱和《しょうわ》するような家庭でした。

ムメオは仏教《ぶっきょう》への思いも強い少女となっていきます。後々《のちのち》、鎌倉《かまくら》の寺院に足しげく通い参禅《さんぜん》することにもなりました。悩《なや》むことがあると仏教《ぶっきょう》の教本に心を癒《いや》されるようになっていきます。


「お嫁《よめ》になぞ行きません」

父は女性としての母に対して、封建的《ほうけんてき》な扱《あつか》いをしてきたことに、悔《く》いの思いが一生あったようです。ですから、

「おまえは体が弱いから嫁《よめ》に行っても苦労《くろう》するだけだ。嫁《よめ》になんか行ってもつまらない。おまえは嫁《よめ》に行かずに東京《とうきょう》の学校に行き、勉強して身を立てたらいい」

とムメオには言っていたのです。

しかし母が亡《な》くなってしばらくすると、ムメオに縁談《えんだん》がきました。するとこんどは父が乗り気になって、「嫁《よめ》に行け、嫁《よめ》に行け」としつこくいいます。これには後妻《ごさい》にきた二番目の母への遠慮《えんりょ》もあったようです。

「あちらは我《わ》が家よりも金持ちで、結婚《けっこん》の支度《したく》は全部してくださる、体一《ひと》つで来てほしいといってくださる。ありがたい話だ。おまえのようにわがままをいっては罰《ばち》が当たるぞ」

しかし縁談《えんだん》があってすぐに、相手の男性《だんせい》は足しげくムメオの家にやってきては些細《ささい》な用事をいいつけたり、一緒《いっしょ》に出かけたがり、あつかましく付《つ》きまといます。ムメオにはこのことが、いやでなりません。そこでとうとうムメオはこの縁談《えんだん》をことわってしまいました。

父はムメオを叱《しか》ります。ムメオはますます反発して活動写真を見に行ったり、わざと縁《えん》談《だん》をことわった男性《だんせい》の友人たちと遊び歩くようになります。するとそれを知った女学校の先生が、ムメオ宅《たく》を訪《おとず》れて「早く結婚《けっこん》させたほうがいい」といいます。またまた父は涙《なみだ》を流して烈火《れっか》のごとく、怒《おこ》りました。

ムメオはもっと新しい世界へ出て行きたい、もっと本を読んで勉強がしたいと考えていました。

「お嫁《よめ》になぞ行きません」と父に強硬《きょうこう》に反発します。

父や女学校の先生まで、男性とざっくばらんに付《つ》き合うことを変《へん》な目で見ている。ムメオは落胆《らくたん》します。北陸《ほくりく》の雪深い薄暗《うすぐら》い家の中で忍従《にんじゅう》の日々を送る母の姿《すがた》や、近所の機織《はたお》りのおばさんたちの苦労《くろう》を見て育ったムメオは、本当に嫁《よめ》になどはいきたくなかったのです。

そのうちとうとう、父のほうがあきらめて進学を許《ゆる》してくれることになりました。ところが当時の女性《じょせい》の進学さきといえば、最高学府《さいこうがくふ》は女子高等師範《しはん》学校でした。当然父は女子高等師範《しはん》学校をすすめました。しかしムメオは女学校の先生に不信感《ふしんかん》をもっていましたので、そこを卒業して女学校の先生などにはなりたくありません。

ちょうどその頃、尊敬《そんけい》する兄《あに》が東京大学にいっていましたので、東京の日本女子《にほんじょし》大学ならいいだろうと父はやっと折《お》れてくれました。

一八九六年（明治《めいじ》二十九年）「女子教育《じょしきょういく》」という著書《ちょしょ》を発表した成瀬仁蔵《なるせじんぞう》の存在《そんざい》を新聞で知った父は、その教育理念《りねん》に共鳴《きょうめい》したためでもあります。「人として大切に認《みと》められる教育をする学校」という、成瀬仁蔵《なるせじんぞう》先生のような立派《りっぱ》な方が創立《そうりつ》した学校なら行ってもよいというのが、父の判断《はんだん》でした。

ムメオはせめて英文科《えいぶんか》をと願《ねが》ったのですがかなえられませんでした。

ムメオの本当の願《ねが》いは明治《めいじ》女学校でした。父は許《ゆる》してくれません。明治《めいじ》女学校とは「新しい女子教育」を唱《とな》え巌本善治《いわもとよしはる》によって創立《そうりつ》されました。あこがれの相馬黒光《そうまこっこう》、野上弥生子《のがみやえこ》、羽仁《はに》もと子《こ》を輩出《はいしゅつ》していましたので、ムメオには夢《ゆめ》もあったのです。

## 日本女子大学《にほんじょしだいがく》入学　良妻賢母《りょうさいけんぼ》教育の家政科《かせいか》に失望《しつぼう》

一九一二年（明治《めいじ》四十五年・大正元年《たいしょうがんねん》）、春。ムメオは張《は》り切《き》って女子大生になりました。成瀬仁蔵《なるせじんぞう》校長に面会し、倫理《りんり》、経済《けいざい》、哲学《てつがく》を学びたいと申し入れました。すると、まずは良妻賢母《りょうさいけんぼ》になることを学ぶのが先だと校長に諭《さと》されます。

いざ入学してみてムメオはびっくりしました。日本女子大《にほんじょしだい》にその頃入学できた人たちは、特別《とくべつ》な裕福《ゆうふく》な家庭のお嬢《じょう》さまばかりでした。三井家《みついけ》のお嬢様《じょうさま》や倉田百三《くらたひゃくぞう》の妹などがいて、上品そうな暮《く》らしぶりです。田舎者《いなかもの》のムメオには到底《とうてい》ついていけません。だんだん反発ばかりが強くなって、孤独感《こどくかん》に沈《しず》んでいきました。そのうえ、家政科《かせいか》の授《じゅ》業《ぎょう》は良妻賢母《りょうさいけんぼ》、良妻賢母《りょうさいけんぼ》、ばかりでした。授業《じゅぎょう》が楽しめずに毎日を鬱々《うつうつ》として、教室にはあまり出席《しゅっせき》せず、ほとんどの時間を図書館で本を読みあさり過《す》ごしました。明るい校庭に出ると目がくらくらすることもありました。

こうして、読書ばかりに毎日《まいにち》が暮《く》れていきました。父からは学資《がくし》も送られてきます。尊《そん》敬《けい》する兄のすすめてくれる美術《びじゅつ》、文学、人生論《じんせいろん》、仏教《ぶっきょう》の本はおもしろくムメオは自我《じが》に目《め》覚《ざ》めてゆき、やがて、図書館通いの日々が充実《じゅうじつ》した時間にもなりました。

## 楽しかった寮《りょう》の暮《く》らし

女子大の家政科《かせいか》には十年先輩《せんぱい》で少女時代「青鞜《せいとう》」を読んであこがれていた平塚《ひらつか》らいてうもいました。ちょうどその頃青鞜《せいとう》では「新しい女特集《とくしゅう》」を発表して評判《ひょうばん》になっていました。

寮《りょう》には先輩《せんぱい》たちが足しげく遊びにきていました。茅野雅子《ちのまさこ》からも歌を習いました。青鞜《せいとう》の表紙絵を描《か》いていた高村光太郎《たかむらこうたろう》の夫人《ふじん》となる長沼智恵子《ながぬまちえこ》も寮《りょう》に来ていて、ムメオたちに絵を教えてくれました。

後《のち》に女子大の名物教授《きょうじゅ》になられた福井出身《ふくいしゅっしん》の上田《うえだ》リウもいて寮《りょう》の暮《く》らしは楽しいものでした。

先輩《せんぱい》に連《つ》れられて夏目漱石《なつめそうせき》や、野上弥生子《のがみやえこ》宅《たく》を訪問《ほうもん》したこともありました。その頃の女子大生たちはこうして有名な先生のお宅《たく》を訪問《ほうもん》することが許《ゆる》されていたのです。

口数の少ない野上弥生子《のがみやえこ》と口下手《くちべた》なムメオとは沈黙勝《ちんもくが》ちで不思議《ふしぎ》な対談《たいだん》となりました。

ムメオはこんな巡《めぐ》り合いを楽しみ、個性豊《こせいゆた》かな先輩《せんぱい》たちに囲《かこ》まれて、人生を深く考えるようになっていきます。

ムメオの住んでいた寮《りょう》には、二十人ほどの学生と寮監《りょうかん》の先生と女中さんがいて、毎月、交代で上級生が主婦《しゅふ》になり寮生《りょうせい》の指導《しどう》をしていました。

ムメオは料理《りょうり》が好きでしたから食事当番のときには張《は》り切りました。安くて栄養価《えいようか》が高いスープや、福井《ふくい》の魚料理《さかなりょうり》をアレンジしたものや福井《ふくい》の家庭料理《かていりょうり》、「たくあんを炊《た》いたん（たくあんの古漬《ふるづ》けを煮《に》つけた福井《ふくい》の郷土《きょうど》料理）」などを考えては作り、寮生《りょうせい》たちに供《きょう》しますと、めずらしいとみんなは喜《よろこ》んでくれました。評判《ひょうばん》がよかったものですから、伝え聞いた学生たちも試食《ししょく》にきては、次々に別《べつ》の寮《りょう》へ流行させ大評判《だいひょうばん》になりました。

他にムメオは友人たちをびっくりさせたことがあります。その頃の女子大では自転車に乗るためには親の承諾書《しょうだくしょ》が必要《ひつよう》でした。ムメオはさっさと父に許《ゆる》しをもらってしまいます。そして着物の長い袂《たもと》を思い切りよく短く切って自転車を乗り回し、注目をあびたのです。

寮《りょう》の先輩《せんぱい》には小橋三四子《こばしみよこ》がいました。彼女《かのじょ》は読売《よみうり》新聞の「婦人付録《ふじんふろく》」の編集主任《へんしゅうしゅにん》をしていました。彼女《かのじょ》はムメオに家政科《かせいか》の学生だからと、料理《りょうり》の記事を担当《たんとう》させてくれました。張《は》り切ったムメオは、料理《りょうり》研究に熱中し、楽しく編集《へんしゅう》の仕事を手伝《てつだ》いました。ここで編《へん》集《しゅう》をおぼえたことは後年《こうねん》、ムメオの婦人《ふじん》運動にたいへん役立《やくだ》つことになります。この読売《よみうり》新聞の婦人欄《ふじんらん》、家庭欄《かていらん》は後々他《のちのちほか》の新聞社もとりいれるようになる契機《けいき》となりました。

一方、相変《あいか》わらず読書三昧《ざんまい》は続《つづ》き、自我《じが》にめざめていき、あらためて人生とは何かと悩《なや》むことも多くなります。

ときどき苦しくなると、故郷《こきょう》の祖父《そふ》と唱《とな》えた経文《きょうもん》をなつかしみ、折々座禅《ざぜん》に参加《さんか》し仏《ぶっ》教《きょう》に傾《かたむ》いていきました。良妻賢母《りょうさいけんぼ》教育にあきあきして反発《はんぱつ》しながら図書館暮《ぐ》らしをして、将来《しょうらい》のあてもないまま、一九一六年（大正《たいしょう》五年）とうとう卒業式にも出席せずに卒業してしまったのです。卒業証書《しょうしょ》は後《あと》から送られてきたようでした。

卒業論文《ろんぶん》は強く魅《ひ》かれていたロマン・ロランでした。

この頃、生家は関西《かんさい》から来た職人《しょくにん》にすすめられて、旋盤《せんばん》や新しい大きな機械《きかい》を据《す》え付《つ》けて店を大きくしていました。名称《めいしょう》も鍛冶屋《かじや》から和田《わだ》鉄工所になります。しかしもともと鍛《か》冶屋《じゃ》が好きではなかった父には、新しい鉄工所の在《あ》りようについていけず、仕事も父の体も衰《おとろ》えて、和田家《わだけ》は没落《ぼつらく》していきました。

## 家庭教師《きょうし》として鎌倉《かまくら》へ

一九一六年（大正《たいしょう》五年）女子大を卒業し、二十一歳になったムメオは、友人のすすめで四月から鎌倉《かまくら》で家庭教師《きょうし》を始めます。

生徒《せいと》は豪農《ごうのう》の美しい娘《むすめ》さんでした。生まれてから一度も学校へは行ったことがなく、十七歳まで家庭教師《きょうし》について学ばせるほど大事に愛《あい》されて育てられていました。女子大卒業というムメオの肩書《かたが》きでよいから、この娘《むすめ》の女学校終了証書《しゅうりょうしょうしょ》を出してほしいという依頼《いらい》により、一年間教える約束《やくそく》をしました。

建長寺《けんちょうじ》の裏山《うらやま》に続くしっとりとした明るい農家《のうか》の一室を宿として与《あた》えられました。建長寺《けんちょうじ》の竹林をわたる葉ずれのさらさらという音を聞きながら、食事は一《いち》の膳《ぜん》、二《に》の膳《ぜん》をささげもってばあやさんが運んでくれる贅沢《ぜいたく》な暮《く》らしが始まりました。

ムメオのここでの暮《く》らしは穏《おだ》やかでした。鶴岡八幡宮《つるがおかはちまんぐう》や寺へ出ていき、ゆったりと楽しむうち心が素直《すなお》に明るくなっていきます。女子大時代の屈折《くっせつ》したわだかまりも自然《しぜん》に消えていきました。

ムメオはよく江ノ島《えのしま》や寺々《てらでら》へも散歩《さんぽ》にでかけました。とくに円覚寺《えんがくじ》で座禅《ざぜん》を組《く》み、警策《けいさく》でうたれると身がひきしまります。ここでムメオは、禅《ぜん》の修行《しゅぎょう》の厳《きび》しさを知りました。新たに

「父母未生以前自己本来面目《ふもみしょういぜんじこほんらいめんもく》」という公案《こうあん》もいただきました。

「自分も父も母もまだ生《う》まれない以前《いぜん》の、天然《てんねん》のままの心、超越《ちょうえつ》した本来の自己《じこ》の心とはどんなものか」という公案《こうあん》です。

公案《こうあん》とは禅宗《ぜんしゅう》で参禅者《さんぜんしゃ》に悟《さと》りを導《みちび》くために与《あた》える課題《かだい》です。ムメオはこの公案《こうあん》を解《と》くために一所懸命《いっしょけんめい》に参禅《さんぜん》に通いました。なかなか悟《さと》りを開くことができなかったので、東慶寺《とうけいじ》にも通いました。東慶寺《とうけいじ》の釈宗演老師《しゃくそうえんろうし》から法話《ほうわ》や人生についての話を楽しく聞き、教えを受けました。老師《ろうし》にはたいへんかわいがられ、よくご馳走《ちそう》になりました。

「ムメオさんは参禅《さんぜん》ではなく御膳《ごぜん》だ」と笑《わら》われたこともあります。その頃若《わか》い娘《むすめ》が参禅《さんぜん》に通うのを、珍《めずら》しく思われたからかもしれません。

こうして仏門《ぶつもん》への目が開かれていきました。ここで釈宗演老師《しゃくそうえんろうし》のお話を伺《うかが》ううちに、社会の動きにも関心《かんしん》を持つようになり新しい生き方の指針《ししん》を与《あた》えられます。この時期は、混沌《こんとん》としていた人生に対するムメオの身構《みがま》えをはっきりと知る大切な区切りとなりました。

約束《やくそく》したように一年間でこの家庭教師《きょうし》は終わりました。やめて間《ま》もなくのことです。一九一八年（大正《たいしょう》七年）二月半ば、父が四十二歳で亡《な》くなりました。頑固《がんこ》で母を泣《な》かせ続《つづ》けた、かつての父の面影《おもかげ》はなく、小さくなっていました。けれども、父はムメオたち子どもには新しい世界へ目を開かせてくれ、導《みちび》いてくれたかけがえのない存在《そんざい》でした。

ムメオ、二十三歳の冬でした。

# 第二章　労働《ろうどう》問題にめざめていく

# 労働《ろうどう》問題に巡《めぐ》り合う

一九一九年（大正《たいしょう》八年）ムメオは二十四歳になりました。世の中は大正《たいしょう》デモクラシー運動がさかんでした。仏教《ぶっきょう》、マルキシズム、アナーキズム、サンジカリズム等々を主催《しゅさい》する人たちによる座談会《ざだんかい》や講演会《こうえんかい》、研究会があちこちでにぎやかに催《もよお》されていました。いろいろな本を読みあさっていたムメオは、これらの会合に積極的《せっきょくてき》に参加《さんか》していきます。有名な無政府主義者《むせいふしゅぎしゃ》の大杉栄《おおすぎさかえ》、伊藤野枝《いとうのえ》らの勉強会ではむずかしい理論《りろん》をやさしく話してくれたので、若《わか》い労働者《ろうどうしゃ》らに混《ま》じって熱心に聞きました。

同じ頃、哲学《てつがく》や文学関係《かんけい》の仲間《なかま》もできて、毎晩《まいばん》のように人生論《じんせいろん》を語り明かし、浅草《あさくさ》あたりを遊び歩きました。これはとても楽しい付《つ》き合いの日々でした。

この年ムメオは『労働世界《ろうどうせかい》』という雑誌《ざっし》の記者になります。いろいろな集会に参加《さんか》して労働《ろうどう》問題を見聞《みき》きするうちに、ムメオは次第《しだい》にこの運動がおもしろくてならなくなりました。その晩《ばん》も政治《せいじ》の演説会《えんぜつかい》へ一人で出かけていきますと、突《とっ》

第一回国際消費組合デー東京共働社
（昭和２年）

然《ぜん》、警官《けいかん》に呼《よ》び止められ本所警察署《ほんじょけいさつしょ》に連行《れんこう》され一晩《ひとばん》、留置《りゅうち》されてしまいます。理由は治安《ちあん》警察法第五条違反《けいさつほうだいごじょういはん》でした。この法律《ほうりつ》の第五条《だいごじょう》というのは「女子は政治的《せいじてき》運動をしたり講《こう》演会《えんかい》に参加《さんか》したりすることは許《ゆる》されない」というものでした。

ムメオはこの法律《ほうりつ》のあることを承知《しょうち》していましたので、わざわざ男性用《だんせいよう》の黒《くろ》いマントを着て帽子《ぼうし》をかぶって男装《だんそう》で講演《こうえん》会場へ出かけたのです。しかし警官《けいかん》の目に留《と》まって逮捕《たいほ》されてしまいました。

「あんなに大勢《おおぜい》の男の人たちが政治《せいじ》の演説《えんぜつ》を聞きに来ているのに、どうしてわたしだけ女だからと逮捕《たいほ》されなければならないの？　なぜ？　どうして？」

ムメオは悔《くや》しさと怒《いか》りで警官《けいかん》の尋問《じんもん》にも答えず、むっつりとだまりこくっていました。翌日《よくじつ》、やっと釈放《しゃくほう》されました。ムメオはやっぱりあの治安警察法第五条《ちあんけいさつほうだいごじょう》はどうしても改正《かいせい》させなければいけないとしみじみ思うのでした。

それからまもなく、こんどは、本所《ほんじょ》にある精工舎《せいこうしゃ》という紡績工場《ぼうせきこうじょう》でストライキが始まりました。精工舎《せいこうしゃ》のストライキと聞き、ムメオは早速応《さっそくおう》援《えん》にかけつけます。

もともと、織物《おりもの》の町である故郷《こきょう》の福井《ふくい》での貧《まず》しい女工の暮《く》らしを見てきたムメオにとって、この争議《そうぎ》は他人事《ひとごと》とは思えなかったのです。

ムメオは「労働《ろうどう》世界」の記者として紡績《ぼうせき》工場の労働条件《ろうどうじょうけん》の劣悪《れつあく》さをよく聞いていましたので、工員たちの労働状態《ろうどうじょうたい》をよくしていきたいと本気で考えたのです。

ムメオは精工舎《せいこうしゃ》の工場の前で人力車《じんりきしゃ》の上に立ち上がり、大きな旗《はた》を振《ふ》りながら、声量《せいりょう》のあるアルトの大声を張《は》りあげて叫《さけ》びました。

「工員さんたち、いっしょにストライキに参加《さんか》しましょう。会場はあちらです」

この行動と「労働《ろうどう》世界」の記者という立場から、その後も時おり、女工問題について講《こう》演会《えんかい》や座談会《ざだんかい》で語っているうちに、労働《ろうどう》問題の大会でも演説《えんぜつ》をするようになります。

その年一九一九年（大正《たいしょう》八年）は第一次世界大戦《だいいちじせかいたいせん》が終わって世の中が落ち着いてきた頃《ころ》でした。十月「ＩＬＯ（国際労働機構《こくさいろうどうきこう》）」の「第一回国際労働会議《こくさいろうどうかいぎ》」がワシントンで開催《かいさい》されることになります。日本でも労働《ろうどう》運動がもりあがっていたのです。

この第一回目、ムメオに日本代表にとの白羽《しらは》の矢《や》が立てられました。しかし「自分は労《ろう》働《どう》問題についての運動を続《つづ》けてはいるが、本当の労働者《ろうどうしゃ》ではない。本質的《ほんしつてき》なことがわからないこんな私が、大事な会議《かいぎ》に代表で出るには荷《に》が重過《おもす》ぎる」と辞退《じたい》します。

これを機会《きかい》に労働《ろうどう》問題の会合にも出かけなくなり、「労働《ろうどう》世界」の記者もやめて引きこもってしまいました。

このときＩＬＯ日本代表には田中孝子《たなかたかこ》（渋沢栄一《しぶさわえいいち》の姪《めい》）が決まりました。アメリカ留学《りゅうがく》の経験《けいけん》もあり、労働者《ろうどうしゃ》のことにも精通《せいつう》しているといわれていたからです。

## 機織《はたお》り女工になろう

こうして、引きこもっているうちに、ムメオは今までよりも、もっと深く人生を考えるようになりました。

「私はなにものか？」「私は何をするべきか？」「私の人生は？」「生きるということはどういうことか？」「私は……？　私は……？」

これはムメオにとって、とてもつらい一時期でした。

そんなある日。

「私は本を読みすぎて、本の中にばかり真理を探《さが》そうとしていたんだわ。正しい生き方を求《もと》めて、自分の力で、自分の考えを実行しましょう。本当の真理は私が自分で行動を起こしてつかまなければならないのだもの」

はっと思いあたりました。

ムメオは本を読むのをやめました。持っていたほとんどの本もさっさと売ってしまいます。

「それでは何をすれば私の正しい生き方が求められるでしょう」

ムメオはここまで考えてきて、まず、頭に浮《う》かんだのは、福井《ふくい》の機織《はたお》りの女工さんたちの姿《すがた》でした。

「そうだ。機織《はたお》りの女工になろう。彼女《かのじょ》たちと毎日を一緒《いっしょ》に仕事をし、いっしょに苦労《くろう》をしてみよう。女工の労働《ろうどう》問題をもっと知りたい」

思いついたらすぐ実行です。大急ぎで福井《ふくい》から戸籍謄本《こせきとうほん》を取り寄《よ》せました。遠縁《とおえん》の娘《むすめ》のものです。あちらこちらの紡績《ぼうせき》工場をさがし歩き、本所《ほんじょ》にある富士瓦斯《ふじがす》紡績《ぼうせき》会社で女工を募集《ぼしゅう》していることを知りました。

そこでムメオは本当の名前と、女子大卒《そつ》の学歴《がくれき》と記者をしていたことなどをかくして、遠縁《とおえん》の娘《むすめ》になりすまし、この工場へ願書《がんしょ》を出し、もぐりこみました。

持ち物は女子大時代に使っていた赤いメリンスの幅広《はばひろ》いタスキ、売らなかった本の「近《きん》世《せい》に於《お》ける我《が》の自覚史《じかくし》」一冊《いっさつ》と、お経《きょう》の本だけでした。固《かた》い決心をしたあげくの再《さい》出発でした。

## 厳《きび》しい女工の暮《く》らし

工場《こうじょう》の鉄《てつ》の門扉《もんぴ》は、ムメオにはとても重く感じられました。感慨《かんがい》深くこの門の中に入っていくとムメオはその日から女工になりました。そこはもうまったく別《べつ》の風が吹《ふ》いている世界です。すべてがムメオにとって失望《しつぼう》と驚《おどろ》きの場面ばかりでした。

ムメオが働《はたら》き始めた最初《さいしょ》の日、工場の中へ一歩入って驚《おどろ》きました。綿《わた》ぼこりがもわもわと天井《てんじょう》にまで舞《ま》い上がり、その綿《わた》ぼこりは働《はたら》いている女の子の頭にも積《つ》もっているのです。

ムメオはその日から、同僚《どうりょう》となった女工さんたちと夜通し働《はたら》きました。彼女《かのじょ》たちは、一日十二時間の仕事を終えると、疲《つか》れきって青い顔をして、ふらふらと半病人のような姿《すがた》で寮《りょう》に帰り着くのでした。

ムメオも疲《つか》れて、敷《し》きつめられた湿《しめ》った布団《ふとん》に、泥《どろ》のようにたおれこんでねむりました。しかしすぐに目が覚《さ》めました。蚤《のみ》や南京虫《なんきんむし》や蚊《か》がムメオの体を刺《さ》すのです。あまりのかゆさにびっくりして起き上がると、蚊帳《かや》の中では娘《むすめ》たちがローソクに火を灯《とも》して蚊《か》を焼《や》いていました。虫に刺《さ》された体をがりがりとかきむしる音がして、ねむれない夜がつづきます。

大きな一枚の同じ布団《ふとん》に、いつも交代でだれかが寝《ね》ていましたので、雨戸は閉《し》め切って、昼も夜も部屋《へや》は真っ暗でじめじめとしていました。

工場も、寝室《しんしつ》、食堂《しょくどう》、トイレ、風呂場《ふろば》など、どこもどろどろに汚《よご》れています。ムメオは思わず身震《みぶる》いして、立ちすくみ息《いき》をのみました。

一番の楽しみであるはずの食事にも驚《おどろ》かされました。真っ黒い麦飯《むぎめし》と小さな小皿《こざら》のおかずだけです。たまに塩鮭《しおざけ》がつきました。喜《よろこ》んでお皿《さら》を見ましたら骨《ほね》と皮だけで身のない、しゃぶるような小さな二切れがのっていました。工員《こういん》一三〇〇人分のこんな鮭《さけ》の切り身を、どうやって集めてきたのかとムメオは不思議《ふしぎ》に思い、ついにはあきれて妙《みょう》に感心してしまいました。

女工たちは、工場の中に入ってからは一歩《いっぽ》も外へは出られません。手紙も検閲《けんえつ》があり、出すのも、受け取るのも調べられました。

女工の給料《きゅうりょう》は日給《にっきゅう》二十五銭《せん》、働《はたら》きがよくて多い人でも五十銭《せん》くらいでした。そのうえ、監督《かんとく》の人たちからは奴隷《どれい》のようにこきつかわれました。こうして一日中、昼も夜も交代で働《はたら》かされるきびしい労働《ろうどう》は、娘《むすめ》たちを苦しめました。それでも彼女《かのじょ》たちは不満《ふまん》も言わずにみんな笑《わら》って一所懸命働《いっしょけんめいはたら》いていました。

「こんな不合理《ふごうり》で大変《たいへん》な毎日《まいにち》なのに、なぜ、服従《ふくじゅう》させられてもあなたたちは明るくがまんしていられるの?」

ムメオが聞きますと、

「自分が犠牲《ぎせい》になって故郷《こきょう》の村を出れば、三十円くらいもらえて、親兄弟が暮《く》らしていくことができると勧誘員《かんゆういん》にだまされて連《つ》れてこられたのです」とのことです。娘《むすめ》たちは泣《な》く泣《な》くふるさとの借金《しゃっきん》のために村から出てきたのでした。まともに米も食べられない。それほど農村は貧《まず》しかったのです。娘《むすめ》たちはここでがんばるほかはありませんでした。

ムメオは彼女《かのじょ》たちと同じように手さばきよく糸をあやつりたい、仕事を早く覚《おぼ》えようと努力《どりょく》しました。けれどもなかなか糸は思うようにあやつれず、すぐに切れてしまいます。悔《くや》しい思いをしながら徹夜《てつや》作業《さぎょう》もして、みんなと一緒《いっしょ》に昼も雨戸を閉《し》めて死んだように寝《ね》ていました。

ここの暮《く》らしはこういうものだと自分に言い聞かせながら、がまんしてがまんして働《はたら》き、ここで暮《く》らすのだと改《あらた》めて決心を固《かた》めるのでした。

しかし工場の労働《ろうどう》条件《じょうけん》はあまりにもひどく、人間らしい暮《く》らしとは程遠《ほどとお》いのです。ムメオの心には日ごとに怒《いか》りさえ湧《わ》いてきました。そしてせめて本が読める日常《にちじょう》がこいしいとあせりをおぼえていきます。

とうとうある日、ムメオは「みんなのために」こんな生活を改善《かいぜん》してもらいたいと、工場長に申し入れをする決心をしました。
ムメオの行動を伝《つた》え聞《き》いた工場の幹部《かんぶ》は、すっかり動転《どうてん》して、大騒《おおさわ》ぎになりました。工場の実情《じつじょう》を調べるために、内緒《ないしょ》でもぐりこんできた、とんでもない人だと思い込《こ》んだようです。もともとムメオは、女工たちと一緒《いっしょ》に暮《く》らしてみたいと思っていただけなのでしたが……。

会社からはすぐに「もう十日《とおか》もこの工場にいたのだから、ここの実情《じつじょう》はわかったでしょう」といって追い出されてしまいました。

女子大で使っていた赤いメリンスのタスキは女工に不似合《ふにあ》いなぜいたく品でした。この赤いタスキを使っていることに、会社の上司《じょうし》たちはうすうす不信《ふしん》を抱《いだ》いていたようです。

女工になる以前《いぜん》には、労働《ろうどう》運動から身を引いていたムメオでしたが、工場を追い出されて牢獄《ろうごく》のような女工暮《ぐ》らしから普通《ふつう》の暮《く》らしに戻《もど》ってみると、どのようにしたらかわいそうな彼女《かのじょ》たちを救《すく》えるものかと、改《あらた》めて真剣《しんけん》に考える日が続《つづ》きました。やっぱりもう一度労働《ろうどう》問題を勉強しなければいけないと思うようになります。

勉強のチャンスを求めて、労働運動《ろうどう》をする人たちと交流をはじめると、女工を体験《たいけん》したことを知った労働関係《ろうどうかんけい》の人々から会合に連日《れんじつ》のように誘《さそ》われ、演説《えんぜつ》を頼《たの》まれることが多くなっていきます。

二十三歳《さい》の若《わか》いムメオは、こうしてたいへんちやほやされていきました。

毎日もてはやされているうちに、これではいけない、自分は労働者《ろうどうしゃ》でもないのに、こうして労働《ろうどう》問題を語り演説《えんぜつ》をするべきではないと、迷《まよ》い始めます。やっぱり自分には荷《に》が重《おも》過《す》ぎると思い、また引きこもってしまいました。

## 結婚《けっこん》への決心

一九一九年（大正《たいしょう》八年）、この年はムメオにとっていろいろなことがありました。まず、ムメオはもう決して労働《ろうどう》運動には関《かか》わらないことにして結婚《けっこん》をする決心をします。家庭の主婦《しゅふ》としてゆっくり落ち着いて本を読んだり、夫《おっと》の翻訳《ほんやく》を手伝《てつだ》ったりして穏《おだ》やかに暮《く》らそうと心を決めました。

夫・奥栄一と自宅にて（昭和２年）

夫《おっと》となった人は「奥《おく》　栄一《えいいち》」。翻訳《ほんやく》などをして生活を立てていた売れない詩人でした。和歌山県新宮《わかやまけんしんぐう》出身で、佐藤春夫《さとうはるお》と同じ中学の同級生でした。若《わか》い文学青年たちの住む本郷《ほんごう》の、売れない文士村《ぶんしむら》に住んでいた人です。

結婚《けっこん》した二人《ふたり》の住まいは四谷愛住町《よつやあいずみちょう》のお寺の離《はな》れでした。ムメオはここで広縁《ひろえん》をつやつやに磨《みが》くのが楽しくて、洗濯《せんたく》が大好《だいす》きでと、家事に幸せを感じて暮《く》らしていました。一方で夫《おっと》の翻訳《ほんやく》の清書《せいしょ》をしたりと心の休まる温《あたた》かで、のびやかな、夫《おっと》との心の満《み》ち足りた暮《く》らしが始まりました。

翻訳《ほんやく》でほそぼそと暮《く》らすのですから貧《まず》しかったのですが、夫《おっと》の文学仲間《なかま》やムメオの友人たちの来客が絶《た》えなくて楽しい日々《ひび》でした。生田春月《いくたしゅんげつ》、花《はな》世夫妻《よふさい》や辻潤《つじじゅん》たちが来ていました。また、新居《しんきょ》には新聞社が結婚《けっこん》のお祝《いわ》いにといって写真をとりにきたこともありました。

# 第三章　新婦人協会《しんふじんきょうかい》

## 新婦人協会《しんふじんきょうかい》に誘《さそ》われる

一九一九年（大正《たいしょう》八年）。この年はムメオの岐路《きろ》となる重大な事態《じたい》が、四つ起きました。

一つめは、女工になったこと。

二つめは、「労働《ろうどう》世界」の記者となったこと。

三つめは、結婚《けっこん》したこと。

そうして四つめが、この章で語ることになる、新婦人協会《しんふじんきょうかい》に理事として参加《さんか》するようになったことです。

この新婦人協会《しんふじんきょうかい》への参加《さんか》は後々《のちのち》のムメオにとって、もっとも重大な転機となりました。

この年の暮《く》れも押《お》し迫《せま》った頃《ころ》に、ムメオは突然《とつぜん》、平塚《ひらつか》らいてうの訪問《ほうもん》を受けました。来《らい》訪《ほう》の趣旨《しゅし》は、

「今、市川房枝《いちかわふさえ》さんと立ち上げた新婦人協会《しんふじんきょうかい》という、女性《じょせい》の地位《ちい》向上と母性保護《ぼせいほご》を目標《もくひょう》にした運動を、手伝《てつだ》ってください」

新婦人協会設立（前列中央が平塚らいてう、後列右がむめお、その左が市川房枝）

というのです。

平塚《ひらつか》らいてうの来訪《らいほう》は突然《とつぜん》でしたし、その申し出にムメオはとても驚《おどろ》きました。ムメオは少女時代にらいてう主宰《しゅさい》の「青鞜《せいとう》」を読んで以来、尊敬《そんけい》していました。らいてうがムメオ宅《たく》を訪《おとず》れた日も「新婦人協会《しんふじんきょうかい》」創立《そうりつ》というニュースが華々《はなばな》しく新聞に報《ほう》じられていたことをムメオは知っていました。

らいてうは「元始《げんし》、女性《じょせい》は太陽であった」の自伝の第三巻《だいさんかん》の中で、ムメオを次のように記《しる》しています。

『婦人参政権《ふじんさんせいけん》と母性保護《ぼせいほご》の要求に関連する二つに請願《せいがん》——治安警察法《ちあんけいさつほう》第五条《だいごじょう》の修正《ママ》と花柳病《かりゅうびょう》男子の結婚制限法制度《けっこんせいげんほうせいど》の準備《じゅんび》を急がねばなりませんでした。

わたくしは新婦人協会《しんふじんきょうかい》運動のよき協力者としての働き手の必要をしみじみと感じていました。こうして適当《てきとう》なひとを物色《ぶっしょく》した結果、白羽《しらは》の矢のたったのが奥《おく》むめおさんです。』

『日本《にほん》女子大の後輩《こうはい》で、らいてうと同じ家政科出身《かせいかしゅっしん》であること。

「労働世界《ろうどう》」誌の記者であったので、女性の労働《ろうどう》問題について熟知《じゅくち》していること。紡績《ぼうせき》工場の女工を体験《たいけん》していることもあり、その労働《ろうどう》問題に詳《くわ》しく、労働婦人《ろうどうふじん》の味方《みかた》であること。

さらに、まだ独身《どくしん》時代の和田《わだ》ムメオであったころ、辻潤《つじじゅん》がらいてう宅に連れてきていたので、もともと旧知《きゅうち》の間柄《あいだがら》だったこと』。

などがムメオをぜひにと熱心に誘《さそ》った理由でした。

しかしムメオは、夫《おっと》、栄一《えいいち》との結婚《けっこん》生活ですっかり家庭の人となりしばらくぶりに穏《おだ》やかに心満《こころみ》ちた暮《く》らしの中にいました。さらに妊娠《にんしん》四ヶ月になっていました。ですから、きっぱりと「お手伝《てつだ》いする意志《いし》はありません」と断《ことわ》りました。

こんな会話がかわされて、らいてうは帰りましたが、その夜、夫《おっと》、栄一《えいいち》は、

「平塚《ひらつか》さんは立派《りっぱ》な指導者《しどうしゃ》だ。機関紙《きかんし》の編集《へんしゅう》を自由にやってくれといっているのだから勉強になるだろう。やってごらん」

と思いがけないことを言い出したのです。栄一《えいいち》とらいてうとの熱心な勧《すす》めに負けて、ムメオは妊娠中《にんしんちゅう》の重いお腹《なか》をかかえて新婦人協会《しんふじんきょうかい》の運動に参加《さんか》していきます。

さらに、この日を境《さかい》に、後々《のちのち》の婦人《ふじん》運動や社会《しゃかい》運動への道を歩《あゆ》むことになります。

## 新婦人協会《しんふじんきょうかい》の活動を始める

当時、平塚《ひらつか》らいてうと市川房枝《いちかわふさえ》は、新婦人協会創立趣意書《しんふじんきょうかいそうりつしゅいしょ》を創《つく》り上げていました。一九二〇年（大正《たいしょう》九年）一月六日。ムメオはこの日から新婦人協会《しんふじんきょうかい》に出席《しゅっせき》し参加《さんか》していきます。

らいてうの田端《たばた》の自宅《じたく》の書斎《しょさい》を創立事務所《そうりつじむしょ》として、新婦人協会設立《しんふじんきょうかいせつりつ》の打ち合わせが始まりました。賛助《さんじょ》会員の有志《ゆうし》が十五名ほどと、平塚《ひらつか》らいてう、市川房枝《いちかわふさえ》、奥《おく》ムメオとが集《つど》いました。

そこで相談《そうだん》されたことは、新婦人協会創立趣意書《しんふじんきょうかいそうりつしゅいしょ》と新婦人協会宣言《しんふじんきょうかいせんげん》、二つの請願書《せいがんしょ》、治安警察法第五条《ちあんけいさつほうだいごじょう》の改正《かいせい》と花柳病男子《かりゅうびょうだんし》の結婚制限法制定《けっこんせいげんほうせいてい》の草案《そうあん》です。一同はこれらの審《しん》議《ぎ》をしました。

その後、だんだんに準備《じゅんび》が整い、やっと三月二十八日、上野《うえの》の精養軒《せいようけん》で新婦人協会《しんふじんきょうかい》の発会式をすることができました。

この発会式の出席者《しゅっせきしゃ》は約七十名です。うち二十名が男性でした。こんな時代でしたが、大正《たいしょう》デモクラシーの波に乗り、民主主義《みんしゅしゅぎ》に目覚《めざ》めた進歩的な男性たちはいたのです。そのそうそうたるメンバーが顔をそろえて出席《しゅっせき》し、会員たちの気運《きうん》は大いに盛《も》り上がりました。出席《しゅっせき》した男性《だんせい》は、
下中弥三郎《しもなかやさぶろう》（後平凡社社長《のちへいぼんしゃしゃちょう》）、蒲田栄吉《かまたえいきち》（貴族院議員《きぞくいんぎいん》）、加藤時次郎《かとうときじろう》（平民病院長《へいみんびょういんちょう》）、堺利彦《さかいとしひこ》（社会主義者《しゃかいしゅぎしゃ》）、秋田雨雀《あきたうじゃく》（作家）、大山郁夫《おおやまいくお》（早稲田大学《わせだ》教授《きょうじゅ》）、大庭可公《おおばかこう》（読売《よみうり》新聞記者）、福島四郎《ふくしましろう》（婦女《ふじょ》新聞記者）等々でした。

発会式は坂本真琴《さかもとまこと》の開会の辞《じ》ののち、市川房枝《いちかわふさえ》を座長《ざちょう》としてまず新婦人協会宣言《しんふじんきょうかいせんげん》を発表しました。宣言《せんげん》には男女の機会均等《きかいきんとう》、婦人《ふじん》として母としての権利《けんり》、子どもの権利《けんり》を擁護《ようご》することと、婦人《ふじん》の社会的地位《しゃかいてきちい》の向上改善《かいぜん》が含《ふく》まれています。

しかし協会創立《きょうかいそうりつ》に当たって一番求《もと》められたことは、婦人《ふじん》の地位《ちい》を高めるという問題《もんだい》でした。婦人参政権《ふじんさんせいけん》を求《もと》めての治安警察法第五条《ちあんけいさつほうだいごじょう》の改正《かいせい》と、母性保護《ぼせいほご》の要求《ようきゅう》としての花柳病《かりゅうびょう》男子の結婚制限法制定《けっこんせいげんほうせいてい》を掲《かか》げ、国会に請願書《せいがんしょ》を提出《ていしゅつ》するという議事《ぎじ》もあります。宣言《せんげん》も二

婦人参政権講演会にて（大正11年）

つの請願書《せいがんしょ》もいずれも無事《ぶじ》に可決《かけつ》されました。

さらに、理事には平塚《ひらつか》らいてう、市川房枝《いちかわふさえ》、奥《おく》ムメオの三名が、評議員《ひょうぎいん》には十名が選ばれました。

国民《こくみん》が法律《ほうりつ》を作るためには、請願書《せいがんしょ》で国会や役所に希望《きぼう》や願《ねが》い事を文書で申し出て、国会で審議《しんぎ》してもらわなければなりません。貴族院議員《きぞくいんぎいん》、衆議院議員《しゅうぎいんぎいん》が賛成《さんせい》してはじめて法《ほう》律《りつ》として施行《しこう》されます。

ムメオたちの言う二つの請願書《せいがんしょ》のうちの一つめはまず、治安警察法第五条《ちあんけいさつほうだいごじょう》の改正《かいせい》。すでに施行《しこう》されている第五条《だいごじょう》は女子及《じょしおよ》び、軍人《ぐんじん》、神官《しんかん》、未成年者《みせいねんしゃ》は政党《せいとう》に加入《かにゅう》したり政《せい》治的《じてき》な集会を聴《き》きに行《い》ったり演説《えんぜつ》したり参加《さんか》してはいけないというものです。新婦人協《しんふじんきょう》会《かい》ではこの「女子《じょし》及《および》」《ママ》の三文字を削除《さくじょ》するように改正《かいせい》してほしいと訴《うった》えました。日本では当時はまだ婦人参政権《ふじんさんせいけん》もありませんでした。しかし西洋では婦人《ふじん》の選挙権《せんきょけん》も認《みと》められています。ですからせめてこの法律《ほうりつ》を修正《しゅうせい》して、婦人参政権《ふじんさんせいけん》に一歩でも近づけたいとの願《ねが》いからでした。

二つめは花柳病《かりゅうびょう》男子の結婚制限法制定《けっこんせいげんほうせいてい》というものです。

一九二〇年（大正九年《たいしょう》）頃は夫から性病《せいびょう》をうつされて足が曲がらなくなったり、体を壊したり、廃人《はいじん》になってしまった人が、夫からうつされて病人になったのに離婚《りこん》されたりと悲しい思いをしていました。ですから協会《きょうかい》では花柳病《かりゅうびょう》（性病）をもっている男性は結婚してはいけない、結婚するときは花柳病ではないという医師《いし》の診断書《しんだんしょ》を女性に渡《わた》すべきだ、離婚《りこん》しても夫が治療費《ちりょうひ》を支払《しはら》うべきだ、という法律《ほうりつ》を作りたかったのです。

新婦人協会《しんふじんきょうかい》が発足《ほっそく》すると、さっそくこの請願書《せいがんしょ》にそえる署名《しょめい》を全国各地《かくち》の婦人団体《ふじんだんたい》の人々が集めてくれました。

治安警察法第五条《ちあんけいさつほうだいごじょう》の改正《かいせい》には二〇五七名、花柳病《かりゅうびょう》男子の結婚制限法《けっこんせいげんほう》には、二一四八名の署名《しょめい》が集まりました。

平塚《ひらつか》らいてう、市川房枝《いちかわふさえ》、会員《かいいん》たちは貴族院議員《きぞくいんぎいん》や衆議院議員《しゅうぎいんぎいん》、文化人、財界人《ざいかいじん》を訪問《ほうもん》し請願《せいがん》の趣旨《しゅし》を説明《せつめい》して歩きました。ムメオも大きなお腹《なか》をかかえて連日説得《れんじつせっとく》に回りました。この熱心な運動の成果《せいか》があって、心ある一部の議員《ぎいん》たちが法案《ほうあん》を提出《ていしゅつ》してくれるところまでこぎつけました。

ところが、新婦人協会《しんふじんきょうかい》の運動にとって大変《たいへん》なことが起《お》きました。ちょうどこの頃野党《やとう》から、普通選挙法案《ふつうせんきょほうあん》が国会に提出《ていしゅつ》されます。日本では一九二〇年（大正《たいしょう》九年）頃《ごろ》はまだ選挙権《せんきょけん》は多額《たがく》に納税《のうぜい》をしている人、特別《とくべつ》な人にしか与《あた》えられていませんでした。男子にも一般《いっぱん》の人には選挙権《せんきょけん》はありませんでした。

身分、財産《ざいさん》、納税《のうぜい》、に関わらず、二十五歳以上のすべての男子に選挙権《せんきょけん》を与《あた》えるようにとの運動がとても盛《さか》んになっていました。そこで普通選挙法案《ふつうせんきょほうあん》が提出《ていしゅつ》されたわけです。

しかし二月二十六日、野党《やとう》が普通選挙法案《ふつうせんきょほうあん》を提出《ていしゅつ》したために、与党《よとう》は反対し、衆議院《しゅうぎいん》は解散《かいさん》になってしまいました。ちょうど治安警察法第五条《ちあんけいさつほうだいごじょう》の改正《かいせい》の法案提出《ほうあんていしゅつ》は、そのあおりを受けることになり、せっかく整えた請願《せいがん》の準備《じゅんび》も日の目を見ることはなくなってしまったのです。ムメオたちの落胆《らくたん》は大変《たいへん》なものでした。

## 長男出産《しゅっさん》

ムメオたち三人の理事は、あいかわらず治安警察法第五条改正《ちあんけいさつほうだいごじょうかいせい》の運動に忙《いそが》しく走りれなくなります。

回っていました。しかしムメオはお産《さん》が間近《まぢか》に迫《せま》ってきて、だんだん思うように出かけら

六月二十二日をむかえたこの日、ムメオは寝床の上に仰向《あおむ》けに寝《ね》ておむつを縫《ぬ》っていました。そのとき突然《とつぜん》、陣痛《じんつう》が来ました。ムメオも栄一《えいいち》も大あわてです。しかし、ムメオは健康《けんこう》であったことと忙《いそが》しさと貧乏《びんぼう》のために、それまで一度も産婆《さんば》さんにかかっていなかったため、どなたにも断《ことわ》られます。やっと来てくれた産婆《さんば》さんに助けられ、長男を出産《しゅっさん》しました。安産《あんざん》でした。

夫、栄一《えいいち》はその男の子に杏一《きょういち》と名づけます。この子を医者にさせたいと思ったので中国の故事《こじ》にならったのでした。

『中国で呉《ご》の董奉《とうほう》が治療代《ちりょうだい》の代わりに杏《あんず》を植えさせたところ、数年で林になったという話《はなし》がある。それが転じて医者のことを言うようになった』と辞典《じてん》にあるのです。

ムメオは出産後《しゅっさんご》一ヶ月が過《す》ぎ、体調がよくなると、赤ん坊《ぼう》をおんぶして、協会《きょうかい》へ出かけ早速《さっそく》、治安警察法第五条改正《ちあんけいさつほうだいごじょうかいせい》のために代議士《だいぎし》を訪問《ほうもん》し、国会へ陳情《ちんじょう》にも出かけました。民《みん》主的《しゅてき》な考え方の学者や経済人《けいざいじん》、文化人のところへも法改正《ほうかいせい》の協力《きょうりょく》を頼《たの》みに行きましたが、

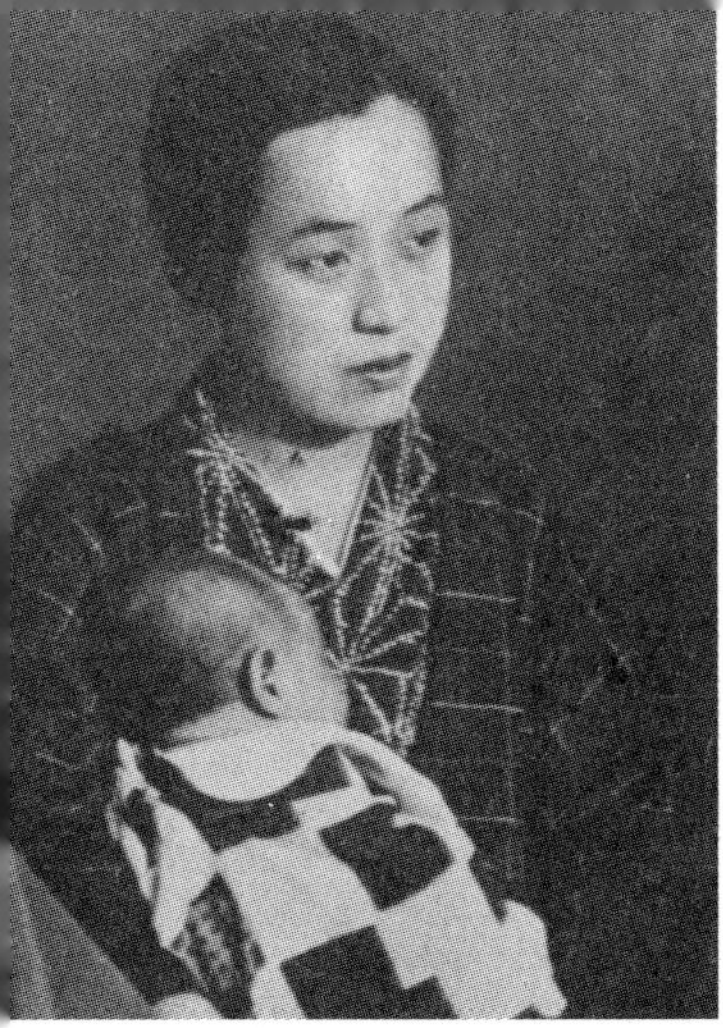

生後1カ月の長男杏一を抱えて初めての外出
（婦人団体有志連合講演会の控え室で）

到着《とうちゃく》するとすぐにタライを借《か》りて赤ん坊《ぼう》のおむつを洗《あら》わせてもらいました。「タライさん」というあだ名がついたほどでした。

事務所《じむしょ》に帰ってはすぐに印刷物《いんさつぶつ》を用意し、精力的《せいりょくてき》に働《はたら》き、毎晩《まいばん》のように終電車になり、夜中に帰宅《きたく》して共同《きょうどう》の井戸端《いどばた》でおむつを洗《あら》いました。ムメオはおむつを一度でもいいからお日様の光を当ててひらひらと乾《かわ》かしてやりたいと思ったほどです。

とにかく忙《いそが》しく、早朝から朝食、お昼のお弁当《べんとう》、夕飯《ゆうはん》の支度《したく》までして出かけねばなりません。

こんなムメオの気持ちを解《わか》ってくれていたのでしょうか、背中《せなか》におんぶした長男は病気にもならず、すくすくと元気に育ってくれました。このことはムメオにとっては何よりもありがたいことでした。

特別《とくべつ》に寒いみぞれまじりの冬の夜など、赤ん坊《ぼう》を肌《はだ》にじかにおんぶして、その上に着物を着て終電車に乗って帰ったことも再三《さいさん》でした。

この頃《ころ》は乳児《にゅうじ》をあずかってくれる託児所《たくじしょ》などありませんで

したから、これをムメオは納得して仕方がないのだと思い、涙《なみだ》を流しながら毎晩《まいばん》暗い夜道を帰ります。

この経験《けいけん》から、後《のち》にセツルメントを経営《けいえい》したときにも、外で働《はたら》く母親のために、乳児《にゅうじ》をあずかる託児所《たくじしょ》を作ることを第一に考えて実行することになります。

どこへでもねんねこを着て、婦人《ふじん》の地位《ちい》向上のために陳情《ちんじょう》や理解《りかい》を求《もと》めて歩きまわるムメオのねんねこ姿《すがた》は、すぐに有名になりました。

この姿《すがた》に男性たちからは野次《やじ》られました。協会《きょうかい》の内外でも、乳児《にゅうじ》をおんぶしてまで婦《ふ》人《じん》運動をすることに眉《まゆ》をひそめ、あからさまに批判《ひはん》する人たちもいました。

しかし、こんなムメオに対して、平塚《ひらつか》らいてうは自伝のなかで書いています。

平塚《ひらつか》らいてうの自伝によると、この頃、

『いよいよ雑誌《ざっし》「女性同盟《じょせいどうめい》」の発刊《はっかん》にとりかかろうとしているときでした。過労《かろう》続きで、ともすれば皆《みな》の心がとげとげしくなり、潤《うるお》いというものをうしないがちなこのころの事務所《じむしょ》に、可愛《かわい》い赤ちゃんを連《つ》れた奥《おく》さんが現《あらわ》れたことは、ただそれだけでも事務所《じむしょ》の空気をやわらげてくれるのが、私《わたし》には嬉《うれ》しいのでした』

『その上、奥《おく》さんというひとは、詩人である夫君《ふくん》栄一氏《えいいちし》が〝彼女《かのじょ》は石のごとく〟といわれたように、大味《おおあじ》で、いつもどっしりしていて、なるほど石は石でも、さわりの柔《やわら》かい丸《まる》味《み》のある石なのがまことに好《この》ましくおもわれました。
そして出産後《しゅっさんご》、さっそく女性同盟《じょせいどうめい》の編集事務《へんしゅうじむ》を担当《たんとう》することになりました。ここに赤ちゃんをいつも背中《せなか》にしばりつけた奥《おく》さんの社会的《しゃかいてき》活動がはじまりその後あちこちでこのことが話題《わだい》になりへんなところで感心《かんしん》されたりもしました』
ムメオ自身もまた、愛《あい》くるしい赤ん坊《ぼう》の様子《ようす》に忙《いそが》しい日々《ひび》が慰《なぐさ》められていたのです。

## 機関紙《きかんし》「女性同盟《じょせいどうめい》」の発刊《はっかん》

一九二〇年（大正九年《たいしょう》）十月になるとムメオはさらに忙《いそが》しくなりました。平塚《ひらつか》らいてうがこの女性解放《じょせいかいほう》、母性保護《ぼせいほご》のための運動を、できるだけ多くの同志《どうし》に広めるために機関紙《きかんし》を発行することに決めたからです。

それが新婦人協会《しんふじんきょうかい》の機関紙《きかんし》「女性同盟《じょせいどうめい》」です。当初一部二十五銭《せん》、発行部数一五〇〇部から二〇〇〇部。雑誌《ざっし》発行には一〇〇〇円が必要《ひつよう》でした。教師《きょうし》の初任給《しょにんきゅう》が四十五円という時代ですから、大変《たいへん》な金額《きんがく》が必要《ひつよう》だったわけです。

その頃の物価《ぶっか》は、米一升《いっしょう》が三十銭《せん》でした。

女性同盟《じょせいどうめい》の編集人《へんしゅうにん》はムメオが引き受けました。資金《しきん》問題は平塚《ひらつか》らいてうが、事務的《じむてき》な運《うん》営《えい》は市川房枝《いちかわふさえ》が担《にな》い、いよいよ新婦人協会《しんふじんきょうかい》は動き出しました。

「女性同盟創刊号《じょせいどうめいそうかんごう》」の表紙はらいてうの夫、奥村博史《おくむらひろし》が描《か》いています。

この機関紙《きかんし》、「女性同盟《じょせいどうめい》」に文章を書くようになってから、ムメオはペンネームとして「奥《おく》むめお」を使うようになります。

「女性同盟《じょせいどうめい》」の内容《ないよう》は機関紙《きかんし》の性格上《せいかくじょう》、運動の報告《ほうこく》、議会《ぎかい》での審議《しんぎ》の様子を傍聴席《ぼうちょうせき》にいるような臨場感《りんじょうかん》で報告《ほうこく》しています。

他の内容《ないよう》には平塚《ひらつか》らいてうの論文《ろんぶん》、時事問題、評論《ひょうろん》、読者からの投書、アンケート、海外事情《じじょう》、新書紹介、文学作品、小説《しょうせつ》、詩、短歌、戯曲《ぎきょく》、翻訳《ほんやく》などがありました。

執筆者《しっぴつしゃ》は主に平塚《ひらつか》らいてう、市川房枝《いちかわふさえ》、奥《おく》むめおたちです。他《ほか》に遠藤清子《えんどうきよこ》、佐々木伊都子《ささきいとこ》、神近市子《かみちかいちこ》、富本一枝《とみもとかずえ》、三ケ島葭子《みかしまよしこ》、岡本《おかもと》かの子《こ》たちです。長谷川如是閑《はせがわにょぜかん》、大庭柯公《おおばかこう》、秋田雨雀《あきたうじゃく》、宮崎龍介《みやざきりゅうすけ》等《など》、協会《きょうかい》の運動に理解《りかい》のある大正《たいしょう》デモクラシーの進歩的《しんぽてき》な男性《だんせい》たちも並《なら》んでいます。

むめおは広告料《こうこくりょう》をもらうために一所懸命《いっしょけんめい》に歩《ある》きました。プラトン社、クラブ歯磨《はみが》き、三越呉服店《みつこしごふくてん》、東京電気、星《ほし》製薬、他《ほか》に出版社《しゅっぱんしゃ》などでした。

「女性同盟《どうめい》」はたいへん評判《ひょうばん》がよく、協会本部《きょうかいほんぶ》には全国の支持者《しじしゃ》や共鳴者《きょうめいしゃ》から手紙《てがみ》や激励《げきれい》やお祝《いわ》いのため、来訪者《らいほうしゃ》がにぎやかに殺到《さっとう》しました。この日本中《にほんじゅう》の人たちの熱い思いが、むめおたちを感激《かんげき》させました。やがて全国に新しい支部《しぶ》が生《う》まれ、名古屋《なごや》、神戸《こうべ》、大阪《おおさか》、広島《ひろしま》、三原《みはら》と次々にその勢《いきお》いが広がっていきます。

ところがあるとき、大変《たいへん》なことが起きました。広島県《ひろしまけん》の支部《しぶ》が、警察《けいさつ》と県と学校長らからこの活動に対《たい》して弾圧《だんあつ》を与《あた》えられることになったのです。本部《ほんぶ》では早速対抗策《さっそくたいこうさく》をたてます。内務省《ないむしょう》や文部省《もんぶしょう》に公開質問状《しつもんじょう》を出しました。多くの人々に女性解放《じょせいかいほう》のための治安警察法第五条《ちあんけいさつほうだいごじょう》の改正《かいせい》と、母性保護《ぼせいほご》のための花柳病《かりゅうびょう》男子の結婚制限法制定《けっこんせいげんほうせいてい》について広く訴《うった》えたのです。

その成果が実って治安警察法《ちあんけいさつほう》に関《かん》するものは認《みと》めないが、花柳病《かりゅうびょう》の法律《ほうりつ》に関《かん》しては認《みと》めようと、当局も折《お》れてきました。むめおたちは大いに不満《ふまん》でしたが、ようやくこの騒《さわ》ぎは治《おさ》まりました。

## 治安警察法第五条改正案《ちあんけいさつほうだいごじょうかいせいあん》が否決《ひけつ》された

一九二〇年（大正九年《たいしょう》）十二月、衆議院本会議《しゅうぎいんほんかいぎ》に治安警察法第五条《ちあんけいさつほうだいごじょう》の改正法案が上程《じょうてい》されました。

すでに、この年の冬《ふゆ》、二月二十六日に衆議院《しゅうぎいん》の抜《ぬ》き打ち解散《かいさん》で請願書《せいがんしょ》が審議未了《しんぎみりょう》になっていましたので、今度こそ実現《じつげん》させたいと女性たちは衆議院本会議《しゅうぎいんほんかいぎ》の傍聴席《ぼうちょうせき》に詰《つ》めかけていました。

その頃は男性と女性の傍聴席《ぼうちょうせき》は金網《かなあみ》で仕切られていて、女性用には名目だけの、狭《せま》いスペースしかありませんでした。それでも今度こそと意気込《いきご》む女性たちで傍聴席《ぼうちょうせき》は押《お》し合《あ》うほどでした。

この日、とうとう苦しく長い闘《たたか》いがみのり、念願《ねんがん》が叶《かな》いました。幸い、衆議院本会議《しゅうぎいんほんかいぎ》では治安警察法《ちあんけいさつほう》第五条《だいごじょう》の改正案《かいせいあん》が無事《ぶじ》に可決《かけつ》して、女性の政治《せいじ》活動参加《さんか》が認《みと》められました。この日を、待ち望《のぞ》んで狭《せま》い傍聴席《ぼうちょうせき》にぎゅうぎゅう詰《づ》めに押《お》しかけた女性たちは涙《なみだ》を流して喜《よろこ》び合いました。

まず、第一段階《だんかい》の衆議院本会議《しゅうぎいんほんかいぎ》で法案《ほうあん》が通過《つうか》しましたので、こんどは貴族院本会議《きぞくいんほんかいぎ》を法《ほう》案《あん》が通るのを待《ま》つばかりです。

翌年《よくねん》一九二一年（大正《たいしょう》十年）三月二十六日。貴族院本会議場《きぞくいんほんかいぎじょう》ではたくさんの法案《ほうあん》が審議《しんぎ》されたのち、治安警察法第五条《ちあんけいさつほうだいごじょう》の改正《かいせい》の審議《しんぎ》に入りました。鎌田栄吉《かまたえいきち》議員《ぎいん》や二、三の人が法案成立《ほうあんせいりつ》のために賛成演説《さんせいえんぜつ》をしてくれました。かたずをのんで聞きいるむめおたちは、耳をうたがいました。

清水資治《しみずすけはる》貴族院議員《きぞくいんぎいん》がとんでもない発言をしたのです。

「女子が政治《せいじ》の話をするようになれば、オシロイのかわりにかまどの灰《はい》を塗《ぬ》る心配がある」

妙《みょう》な反対演説です。さらに、いよいよ採決《さいけつ》に入る直前、またまたこんどは、藤村《ふじむら》貴族院《きぞくいん》議員《ぎいん》が困《こま》った発言をしました。

「女子の本分は家庭にある。女子が政治上《せいじじょう》の運動をすると、悪《わる》い結果《けっか》になるのは歴史《れきし》が証明《しょうめい》している。断固《だんこ》反対します」

こんな意見が出てしまう中で、採決《さいけつ》に入ると、雰囲気《ふんいき》は一変《いっぺん》し、賛成者《さんせいしゃ》も少なくて、この法案《ほうあん》は否決《ひけつ》されてしまいました。

今までがんばってきた苦労《くろう》が水の泡《あわ》です。むめおたちはびっくりし、涙《なみだ》を流して悔《くや》しがり怒《いか》りがおさえられませんでした。

## 協会《きょうかい》の中での心の行き違《ちが》い

新婦人協会《しんふじんきょうかい》では運動をしていくうえで、一番大事な資金《しきん》が足《た》りませんでした。ですから、らいてうが、あちらこちらから寄付《きふ》をもらってきては、運動の交通費《こうつうひ》にあて、印刷物《いんさつぶつ》の払《はら》いをし、事務所《じむしょ》の家賃《やちん》にしていたのです。

「女性同盟《どうめい》」の雑誌《ざっし》への広告料《こうこくりょう》はむめおがもらってくることが多かったのですが、それでも、やはり資金《しきん》が足《た》りませんでした。

編集《へんしゅう》や陳情《ちんじょう》やポスターづくりなど、いろいろと忙《いそが》しすぎたためだったのでしょうか、やがて会員たちの心が、協会創立《きょうかいそうりつ》の頃とは少しずつずれて不満がでていきました。また会員たちによる平塚《ひらつか》らいてう個人《こじん》への非難《ひなん》や中傷《ちゅうしょう》が深まり、市川房枝《いちかわふさえ》ともぎくしゃくしてきました。しかし、平塚《ひらつか》らいてうは一度も言い訳《わけ》もせずだまって聞いていました。

むめおは、らいてうを慰《なぐさ》めたり、意見を言ったり、励《はげ》ましていました。すると協会《きょうかい》の中で、今度はむめおに非難《ひなん》の矛先《ほこさき》がまわってきました。むめおはそんなときも何も言わず、だまって与《あた》えられた仕事や「女性同盟《どうめい》」の編集《へんしゅう》などを、もくもくとこなしていきました。

市川房枝《いちかわふさえ》は、気疲《きづか》れで病気になったのだそうですが、そんなある日、彼女《かのじょ》は突然《とつぜん》、アメリカへ旅立《だ》っていきました。しかしそのあたりのいきさつはむめおにはわかりませんでした。

その騒《さわ》ぎの中、今度は平塚《ひらつか》らいてうもまた、病気になって赤城山《あかぎやま》の麓《ふもと》に引っ越《こ》してしまいました。

突然《とつぜん》のことですから、残《のこ》ったむめおたちはこれからの運営《うんえい》について大変困惑《たいへんこんわく》し、相談《そうだん》しました。この当時、新婦人協会《しんふじんきょうかい》の運動は三年目に入っていました。協会員《きょうかいいん》の中には、「らいてうさんがやっていらしたから手伝《てつだ》ったけれど、もうやめましょう」という意見まであります。むめおはそれを説得《せっとく》して「協会《きょうかい》を続けましょう」とみんなを引きとめました。

多くの会員たちは、治安警察法第五条《ちあんけいさつほうだいごじょう》の改正《かいせい》ももう一息というところまでこぎつけたし、せっかくここまでがんばってきたのに挫折《ざせつ》するわけにはいかないと言います。後《のち》の世の人たちの婦人解放《ふじんかいほう》のためにもどうしても続《つづ》けようという冷静《れいせい》な意見も多くありました。しかし、ここで再《ふたた》び資金集《しきんあつ》めに困《こま》りました。これまでも資金《しきん》が足《た》りなくて困《こま》っていたのに、この先、どのようにしたらよいのかわかりません。むめおたちは途方《とほう》にくれてしまいました。

らいてうは金銭《きんせん》の出納帳《すいとうちょう》や賛助会員《さんじょかいいん》の名簿《めいぼ》をもって病気療養《りょうよう》のために赤城山《あかぎやま》の麓《ふもと》に行ってしまっています。それまで使っていた事務所《じむしょ》も出なければなりません。もう新しい事務所《じむしょ》を借《か》りるお金も、治安警察法《ちあんけいさつほう》の陳情《ちんじょう》に行《い》く電車賃《でんしゃちん》もありませんでした。

もともとむめおの私生活《しせいかつ》はとても貧《まず》しかったのですが、このときから、さらに協会《きょうかい》関係と家計《かけい》の貧乏《びんぼう》に耐《た》えていかなければならない生活が始まります。

そのころ、東京大学を卒業《そつぎょう》していた兄の初任給《しょにんきゅう》が四十五円でした。女子大卒《そつ》の女学校の教師《きょうし》の月給《げっきゅう》が三十五円くらいでしたから、夫は、

「こんなに貧乏《びんぼう》をしないで女学校の先生にでもなればもっと生活が楽になるのに」

と言いだしました。

幸いなことに新婦人協会《しんふじんきょうかい》の維持《いじ》会員や協会《きょうかい》の趣旨《しゅし》に賛同《さんどう》してくれた文化人、財界人《ざいかいじん》、学者などが資金《しきん》を寄付《きふ》し援助《えんじょ》してくれました。ある維持《いじ》会員に寄付《きふ》を頼《たの》みに行ったときのことです。

「平塚《ひらつか》さんがいらしたから寄付《きふ》したのですが、若《わか》いあなたたちにはこの仕事は無理《むり》でしょう。寄付《きふ》はできません」

とすげなく断《ことわ》られてしまいました。しかしむめおは、

「大丈夫《だいじょうぶ》です。次の国会できっと法案《ほうあん》を通過させますから」

熱心に頼《たの》みこみ、やっと寄付《きふ》をもらうことができました。

しかし、やがて、

「しかたがない。残《のこ》った私《わたし》たちで力を合わせて協会《きょうかい》を支《ささ》えていきましょう。事務所《じむしょ》もきちんと持ちましょう」

と励《はげ》ましあって、新婦人協会《しんふじんきょうかい》の運動は再《ふたた》び元気に走り出しました。

最初《さいしょ》に事務所《じむしょ》を借《か》りたのは、議事堂《ぎじどう》の近くのガレージの二階です。そこから見下ろすと、下の道を議員《ぎいん》さんたちが歩いていくのが見えました。会員たちはその議員《ぎいん》さんたちを見ながら、どうしても自分たち女性の権利《けんり》を獲得《かくとく》しようという情熱《じょうねつ》に湧《わ》きたちました。

新婦人協会《しんふじんきょうかい》の機関紙《きかんし》「女性同盟《どうめい》」は、むめおが発行人となり、矢部初子《やべはつこ》が編集《へんしゅう》を担当《たんとう》し、発行を続《つづ》けていきました。

一方でむめおたちは、二つの法案《ほうあん》が早く議会《ぎかい》で審議《しんぎ》され、通過《つうか》して法律《ほうりつ》として動き出してもらいたいものと必死《ひっし》になっていました。

そこで、議員《ぎいん》たちを追いかけては話を聞いてもらい、改正《かいせい》に協力《きょうりょく》を依頼《いらい》しようとしましたが取り合ってはもらえません。まだまだ議員《ぎいん》たちは女性の地位《ちい》などには関心《かんしん》がなかったのです。

なかなか会えない人を訪問《ほうもん》するとき、新聞記者は夜討《ようち》ち朝駆《あさが》けとよく言います。

むめおたちも治安警察法改正《ちあんけいさつほうかいせい》のためによく「夜討《ようう》ち朝駆《あさが》け」をしました。

夜おそく、帰宅《きたく》する議員《ぎいん》を捕《つか》まえては、また、朝早く自宅《じたく》を訪問《ほうもん》しては話を聞いてもらおうとするのです。しかし議員《ぎいん》たちは女たちには関《かか》わりたくないとみんな嫌《いや》がっていました。

一方、むめおたちには、給料《きゅうりょう》もなく、議員《ぎいん》を訪問《ほうもん》するための電車賃《でんしゃちん》もありません。出歩くには自分のお金を使いましたが、むめおは私生活《しせいかつ》でも貧乏《びんぼう》のどん底《ぞこ》でした。資金《しきん》が足《た》りなくて、らいてうもむめおも質屋《しちや》へ通うのは日常《にちじょう》のことになっていました。

あるとき、治安警察法第五条《ちあんけいさつほうだいごじょう》の改正《かいせい》のための講演《こうえん》を頼《たの》まれ、名古屋《なごや》へ行ったことがあります。手持ちのお金は片道《かたみち》の切符代《きっぷだい》しかありませんでした。子どもに飲ませるお茶も買えないので、だれか知人はいないかとさがして車両を前から一両ずつ渡《わた》って歩きました。

こんなとき、幸運にも必《かなら》ずだれか助けてくれる人に巡《めぐ》り合えました。その日も車中で、町田辰次郎《まちだたつじろう》（後《のち》の国際電電社長《こくさいでんでんしゃちょう》）に巡《めぐ》り合うことができました。またあるときは、大阪《おおさか》の古野周蔵弁護士《ふるのしゅうぞうべんごし》に、また、石山賢吉《いしやまけんきち》（ダイヤモンド社社長）等に食堂車《しょくどうしゃ》でご馳走《ちそう》になったり、帰りの旅費《りょひ》をいただいたり、むめおのまわりにはいつもさまざまな救《すく》いの手が待《ま》ち構《かま》えていたのです。

むめおはこんなに大変《たいへん》な暮《くら》しの日々《ひび》でしたが、貧乏《びんぼう》をつらいと思ったことは一度もありませんでした。

二十四歳で機織《はたお》り工場の女工になったとき、紡績《ぼうせき》工場のストライキに参加《さんか》したときなどの労働《ろうどう》運動をしていたときは、この女工たち姉妹のためにと思っていました。そうして今、また、日本の女性の向上のための運動をしているのだから、怠《なま》けて貧乏《びんぼう》をしているのではないと、自分に言い聞かせて、有名人や議員《ぎいん》たちを説得《せっとく》することに情熱《じょうねつ》を熱《あつ》く燃《も》やしていました。

## 藤村男爵邸《ふじむらだんしゃくてい》へ陳情《ちんじょう》にいく

第四十五議会《ぎかい》で治安警察法第五条《ちあんけいさつほうだいごじょう》を改正《かいせい》させるためには、どうしても、以前の議会《ぎかい》で、

「女《おんな》に政治《せいじ》運動をさせてはならない」

といって否決《ひけつ》に追い込《こ》んだ藤村男爵《ふじむらだんしゃく》の賛成《さんせい》が必要《ひつよう》でした。

そこでむめおは「夜討《ようう》ち朝駆《あさが》け」で藤村男爵《ふじむらだんしゃく》を追いかけて、国会内《こっかいない》で面会《めんかい》を迫《せま》りました。すると、

「自宅《じたく》でなら会いましょう」

とやっと約束《やくそく》を取り付《つ》けました。

約束《やくそく》の日、夕方《ゆうがた》五時、いつものように赤ん坊《ぼう》をおんぶしたねんねこ姿《すがた》のむめおは、坂本真琴《さかもとまこと》と共に中野駅《なかのえき》に行きました。駅前には立派《りっぱ》な人力車《じんりきしゃ》が「藤村《ふじむら》」という定紋《じょうもん》入りの提灯《ちょうちん》を持って迎《むか》えに来ています。むめおはさっさとその人力車《じんりきしゃ》に乗ってしまいました。

車夫《しゃふ》はびっくりしました。

このいきさつをむめおは自伝にはこう書いています。

「『おい、おい、まちがっちゃいけねぇ。これはねんねこが乗るような乗り物じゃねぇよ。ほれ、この通り、藤村男爵様《ふじむらだんしゃくさま》の人力車《じんりきしゃ》だ。なんとかいう、おっかねえ女史《じょし》先生が乗るんだとよ。さあ、降《お》りた降《お》りた』

仕方がないので『そのおっかねえ女史《じょし》先生が私《わたし》よ』といって男爵《だんしゃく》からの手紙を見せた。車夫《しゃふ》は二度びっくり。

『へえ、あんさんがねえ』と私《わたし》と赤ん坊《ぼう》をまじまじと見るものだから、私《わたし》は思わず笑《わら》ってしまった」

立派《りっぱ》な門構《もんがま》えの男爵邸《だんしゃくてい》に着くと、人力車《じんりきしゃ》からねんねこ姿《すがた》のむめおが現《あらわ》れたので、ここでもまた、玄関前《げんかんまえ》でびっくりされてしまいます。奥座敷《おくざしき》に通されると、小さな赤ん坊《ぼう》を座布団《ざぶとん》に斜《なな》めに寝《ね》かせて、控《ひか》えの間《ま》の襖《ふすま》を閉《し》めました。むめおと坂本真琴《さかもとまこと》は、立派《りっぱ》な広いお座敷《ざしき》で藤村男爵《ふじむらだんしゃく》を待《ま》ちました。

藤村男爵《ふじむらだんしゃく》はイギリス仕込《じこ》みの上品な紳士《しんし》でした。

面会を許《ゆる》された礼を述《の》べた後、まず、「第四十三回議会《ぎかい》でなぜ治安警察法第《ちあんけいさつほうだい》五条《ごじょう》の改正《かいせい》に反対したのですか」とむめおは一番聞きたいことを質問《しつもん》しました。すると、男爵《だんしゃく》は話し始めました。

「たしかに私は、女子を子どもと並列《へいれつ》させている今の治安警察法《ちあんけいさつほう》は間違《まちが》っていると思う。婦人《ふじん》の地位《ちい》向上も願《ねが》ってはいる。しかし私がイギリスで見てきた婦人参政権《ふじんさんせいけん》運動家たちは、断髪《だんぱつ》で男か女かわからないような戦闘的《せんとうてき》な様子だったし、腕《うで》を組んでの激《はげ》しいデモ行進や、火をつけたりする騒動《そうどう》を見てびっくりし、苦々《にがにが》しく思ったものです。もし日本でもこのようなことが起きるとすれば、家族制度《せいど》が崩壊《ほうかい》すると恐《おそ》れたからです」

ここまで男爵《だんしゃく》が話したとき、お茶を持って夫人《ふじん》が入ってこられました。すると隣《となり》の控《ひか》えの間で赤ん坊《ぼう》が泣《な》き出したので、男爵夫妻《だんしゃくふさい》はびっくりしました。むめおは改《あらた》めて、赤ん坊《ぼう》連《づ》れできていることを男爵《だんしゃく》に詫《わ》びました。いつもこうして婦人《ふじん》運動をしていることも話しました。

赤ん坊《ぼう》のオムツを取り替《か》えますと、お子さんのいない男爵夫妻《だんしゃくふさい》は珍《めずら》しそうにその様子をのぞいています。ところが赤ん坊《ぼう》は遠慮《えんりょ》なくオチンチンから噴水《ふんすい》のようにおしっこをしてしまいました。

男爵《だんしゃく》はこれが本当のチン状《じょう》だと機嫌《きげん》よく大笑《おおわら》いしました。

「あなたのような赤ん坊《ぼう》連《づ》れの婦人《ふじん》運動家にははじめて会ったよ。こんなお母《かあ》さんがやっていることなら、賛成《さんせい》しなければいけないいな」

と笑《わら》いながら言いました。さらに、

「早速《さっそく》、あした議会《ぎかい》にいらっしゃい。同志《どうし》を集めておきましょう」

と積極的《せっきょくてき》に働《はたら》いてくれることになりました。こうして藤村男爵《ふじむらだんしゃく》の力添《ちからぞ》えで花柳病《かりゅうびょう》男子の結婚制限法制定《けっこんせいげんほうせいてい》と治安警察法第五条《ちあんけいさつほうだいごじょう》改正《かいせい》の二法案《にほうあん》は可決《かけつ》されるところまできました。いよいよ、第四十五回議会最終日《ぎかいさいしゅうび》、一九二二年（大正《たいしょう》十一年）三月二十五日。改正法案《かいせいほうあん》通過《つうか》。四月二十日、公布《こうふ》。五月十日施行《しこう》となりました。

この日、むめおは協会《きょうかい》の仲間《なかま》たちと苦しかった闘《たたか》いの日々を思い出《だ》し、胸《むね》を熱《あつ》くして喜《よろこ》び合《あ》いました。「女子及《じょしおよび》」の文字がけずられたことにより、このときから女性は政治的《せいじてき》な集会《しゅうかい》にも参加《さんか》でき、演説《えんぜつ》もでき、やっと一歩《いっぽ》、前《まえ》へ歩《ある》きだすことができたのです。とにかく、「女子及《じょしおよび》」この三文字《さんもじ》の重《おも》みは大変《たいへん》なものでした。

さて、もう一歩、今度は婦人参政権獲得《ふじんさんせいけんかくとく》のためにがんばろうとみんなで興奮《こうふん》しました。この年の五月十日には、女性たちが発起人《ほっきにん》になって、婦人政談演説会《ふじんせいだんえんぜつかい》が開催《かいさい》されました。治安警察法第五条改正《ちあんけいさつほうだいごじょうかいせい》の祝賀会《しゅくがかい》が神戸《こうべ》キリスト教青年会館に一五〇〇名の聴衆《ちょうしゅう》を集め、にぎやかに催《もよお》されました。

明治《めいじ》三十三年以来《いらい》二十二年が過《す》ぎていました。その間、岩野清子《いわのきよこ》たちが明治《めいじ》の末《すえ》にこの問題《もんだい》と闘《たたか》っていましたし、新婦人協会《しんふじんきょうかい》でも平塚《ひらつか》らいてう、市川房枝《いちかわふさえ》のいない紆余曲折《うよきょくせつ》の中で、むめおは一人理事《ひとりりじ》として二年間がんばってきたわけです。法案《ほうあん》が通り、やっと責任《せきにん》を果《は》たせた気分でした。むめお自身もよく働《はたら》いたものだと振《ふ》り返りました。

このときからむめおは、婦人演説士《ふじんえんぜつし》として各地《かくち》にひきまわされ、政談演説《せいだんえんぜつ》をして歩きまわる華々《はなばな》しい存在《そんざい》となりました。

むめお、二十七歳《さい》の春《はる》でした。

## 新婦人協会《しんふじんきょうかい》の解散《かいさん》・あの過酷《かこく》な治安警察法第五条《ちあんけいさつほうだいごじょう》改正《かいせい》運動はなんだったのだろう

むめおは「女性同盟《どうめい》」六月号に治安警察法第五条《ちあんけいさつほうだいごじょう》が改正《かいせい》されたこの喜《よろこ》びと婦人参政権獲得《ふじんさんせいけんかくとく》の闘《たたか》いの決意《けつい》などを書いて報告《ほうこく》しています。

ところがせっかく治安警察法第五条《ちあんけいさつほうだいごじょう》が改正《かいせい》されて喜《よろこ》んでいた矢先、協会《きょうかい》の大阪支部《おおさかしぶ》が本部から独立《どくりつ》して去っていきました。いつのまにか協会内部《きょうかいないぶ》の会員がお互《たが》いに非難《ひなん》や悪口を言い合うようになり、各々《おのおの》の心が少しずつ離《はな》れていたのです。

そんな折《おり》もむめおは何も言いませんでした。それまで通りに同《おな》じように、黙《だま》って静《しず》かに自分の仕事をこなしていきました。

けれどもだんだん協会《きょうかい》はまとまりがなくなり、「女性同盟《どうめい》」も治安警察法第五条改正法《ちあんけいさつほうだいごじょうかいせいほう》案通過《あんつうか》の喜《よろこ》びを報《ほう》じた六月号の後には、タブロイド版《ばん》が二回出ただけで廃刊《はいかん》となりました。

一九二二年（大正《たいしょう》十一年）十二月八日、平塚《ひらつか》らいてうは新婦人協会《しんふじんきょうかい》を解散《かいさん》してしまいます。

新婦人協会《しんふじんきょうかい》としては、二年半ほどの活動でしたが、女性問題《もんだい》の最初《さいしょ》の市民《しみん》運動として、治安警察法第五条《ちあんけいさつほうだいごじょう》の改正《かいせい》を勝ち得《え》て、婦人参政権獲得《ふじんさんせいけんかくとく》の運動をしたことが、歴史上《れきしじょう》に残《のこ》る貢献《こうけん》をしたことになります。その功績《こうせき》は大きいものでした。

らいてうが自伝で書いている、長文の「解散《かいさん》のご挨拶《あいさつ》」に経緯《けいい》や決意が述《の》べられています。

要約《ようやく》すると、『平塚《ひらつか》らいてうは、健康《けんこう》がなかなか戻《もど》らないこの時期に、自分に代わる中心になる人物がいないままでは、運営《うんえい》の責任《せきにん》はどうするか、資金《しきん》はどうするか、団体《だんたい》生活をすすめるための団結《だんけつ》がないこと、このままでは将来的《しょうらいてき》に行き詰《づ》まるであろうことに絶望《ぜつぼう》し、解散《かいさん》したほうがいいと、思った』と書《か》いています。

こうして新婦人協会《しんふじんきょうかい》が解散《かいさん》すると幹部《かんぶ》の人たちは二つの新しい団体《だんたい》に分かれていきます。

そして婦人参政権獲得《ふじんさんせいけんかくとく》運動のために新しい団体《だんたい》が生まれます。

奥《おく》むめお、八木橋《やぎばし》きいを中心とするグループの「婦人聯盟《ふじんれんめい》」。坂本真琴《さかもとまこと》、児玉眞子《こだままさこ》等《など》を中心とするグループの「婦人参政同盟《ふじんさんせいどうめい》」です。ほかに塚本《つかもと》による「女性新聞」も発行されました。

二年後、一九二四年（大正十三年《たいしょう》）十二月、第五十議会《ぎかい》の前頃《ごろ》「婦人参政権獲得期成同盟《ふじんさんせいけんかくとくきせいどうめい》」が結成《けっせい》されます。ここには「婦人聯盟《ふじんれんめい》」と「婦人参政同盟《ふじんさんせいどうめい》」が参加《さんか》します。これで婦《ふ》人参政権獲得運動《じんさんせいけんかくとくうんどう》の道が確実《かくじつ》なものになっていきます。

一度はむめおも参加《さんか》しますが、考えることがあって、むめおだけは「婦人聯盟《ふじんれんめい》」を脱退《だったい》します。新たに「職業婦人社《しょくぎょうふじんしゃ》」を創設《そうせつ》し、婦人参政権運動《ふじんさんせいけんうんどう》とは離《はな》れていきます。

むめおは悲しい思《おも》いで、女性の集まりのなんと複雑《ふくざつ》で難《むずか》しいことかとしみじみ思うのでした。

それより以前《いぜん》、八月にむめおは男児《だんじ》を生みました。忙《いそが》しすぎたこと、貧乏《びんぼう》だったことから、胎児《たいじ》に栄養《えいよう》が行かず早産《そうざん》し一週間で亡《な》くなってしまいました。夫の奥栄一《おくえいいち》は亡《な》くなった子どもに「朝露《あさつゆ》」と名《な》づけて悲しみました。

むめおもこの悲しみと体調不良《ふりょう》から、しばらく寝《ね》たり起きたりで暮《く》らしているうちに、虚《むな》しい思いがつのり、考えることが多くなりました。

「私《わたし》は、これまで貧乏《びんぼう》をしながら、代議士《だいぎし》に陳情《ちんじょう》をして、子どもにも悲しい思いをさせてまで必死《ひっし》に女性の向上のためをばかり願《ねが》って働《はたら》いてきたけれど、本当にこれでよかったのだろうか」

むめおたちは、治安警察法第五条《ちあんけいさつほうだいごじょう》が改正《かいせい》され、施行《しこう》されて「女子及《じょしおよび》」の三文字がけずられたことを感激《かんげき》して喜《よろこ》び合ったはずでしたが、実際《じっさい》には、政談演説会《せいだんえんぜつかい》の会場にも、女性はわずかしか集まりません。

むめおは考えます。一般《いっぱん》の女性たちは無関心《むかんしん》で、女性《じょせい》が権利《けんり》を獲得《かくとく》したことさえ知らずに、喜《よろこ》びもせずにいるのはなぜなのだろう？　骨身《ほねみ》をけずって働《はたら》いたのはなんだったのだろう？

あまりの虚《むな》しさに、むめおはこの運動が間違《まちが》っていたのではないかとさえ反省《はんせい》するようになりました。もう、婦人参政権《ふじんさんせいけん》運動はやめようと思ったのです。事実、ふつうの女性は毎日の暮《く》らしで精一杯《せいいっぱい》でした。ですから家庭の主婦《しゅふ》は貧《まず》しくて、婦人参政権《ふじんさんせいけん》などいらないのではないかと思ったのです。

一方で、もっと女性たちの暮《く》らしが豊《ゆた》かになって政談演説会《せいだんえんぜつかい》の会場に行かれる日が来ればいいのにとも思いました。

女性の地位《ちい》向上よりも、生活向上のために働《はたら》きたいと思うようになり、むめおは婦人参《ふじんさん》政権《せいけん》運動から気持ちがさらに離《はな》れていきます。

# 第四章　再《ふたた》び立ち上がる

## 家庭人になろう、書斎人《しょさいじん》になろう

むめおは早産《そうざん》で子どもを亡《な》くした後、しばらく病床《びょうしょう》にありました。馬車馬のように駆《か》け抜《ぬ》けた新婦人協会《しんふじんきょうかい》活動の疲《つか》れが、にわかに出たようです。亡《な》くなった子どもを思いつづけ、その傷心《しょうしん》からも立ち直れず鬱々《うつうつ》とする日々がつづき、講演会《こうえんかい》にも演説会《えんぜつかい》にも出かけなくなっていました。

この後《のち》しばらくしてからの心境《しんきょう》を、むめおは次のようなエッセイに綴《つづ》っています。

『私《わたし》はもう絶対《ぜったい》に外へ出ないで書斎人《しょさいじん》になろう、よいお母《かあ》さんになって婦人《ふじん》問題の勉強でも続《つづ》けよう、と本気で考えた。そう思うと心充《み》ちたり、子どもと猫《ねこ》を相手《あいて》に、しみじみと障子《しょうじ》の破《やぶ》れを繕《つくろ》ったり、縁《えん》をみがいたりして暮《く》らした』

むめおは、貧乏《びんぼう》からぬけ出すために書斎人《しょさいじん》になって収入《しゅうにゅう》を得《え》たいと考え始めます。それまで書き溜《た》めてきた原稿《げんこう》を見直したり、図書館や役所に出かけて行っては資料《しりょう》を調べはじめました。おだやかなゆっくりした時間が流れていきます。

そんな折《おり》、思いがけず新潮社《しんちょうしゃ》から原稿《げんこう》の依頼《いらい》が来《き》ました。

「婦人《ふじん》問題を説《と》いた本を出版《しゅっぱん》しませんか」

むめおは婦人参政権《ふじんさんせいけん》運動からはなれて、しばらくするとまた婦人《ふじん》問題についての新たな疑問《ぎもん》と発想が湧《わ》いていたところでしたので、喜《よろこ》んでこの仕事を引き受けました。

早速《さっそく》、婦人《ふじん》の社会的立場が低《ひく》いこと、働《はたら》く女性の現状《げんじょう》の不合理《ふごうり》な問題点などを取り上げては調べ、さらに女性の自覚《じかく》をうながすことを目標《もくひょう》に、十六の項目《こうもく》を組み立てました。

それが「婦人問題十六講《じゅうろくこう》」です。

新潮社《しんちょうしゃ》の厚意《こうい》で出版前《しゅっぱんまえ》にもかかわらず印税《いんぜい》の前借《まえが》りをさせてもらい、家計は少しだけ貧乏《びんぼう》をのりこえることができました。

一九二五年（大正《たいしょう》十四年）七月、出版《しゅっぱん》となりますが、ちょうど婦人《ふじん》が世の中に進出し始め関心《かんしん》が高まっていた頃《ころ》でしたから、この本は人々に広く受け入れられて、大変《たいへん》な評判《ひょうばん》になりました。

## 職業婦人社《しょくぎょうふじんしゃ》をおこす

しばらくぶりにゆったりした気分で「婦人《ふじん》問題十六講《じゅうろくこう》」を執筆《しっぴつ》していたときのことです。

ある講演会《こうえんかい》の講師《こうし》に招《まね》かれたむめおは、同じ講師《こうし》としてきていた平凡社《へいぼんしゃ》の社長、下中弥《しもなかや》三郎《さぶろう》と久々《ひさびさ》に再会《さいかい》します。

むめおはさっそく日頃《ごろ》考えていた職業婦人《しょくぎょうふじん》問題の疑問《ぎもん》を、堰《せき》を切ったように下中弥三《しもなかやさぶ》郎《ろう》にぶつけていきました。働《はたら》く女性たちはみんな安い賃金《ちんぎん》で働《はたら》かせられ、家に帰れば母として、主婦《しゅふ》として子育てや夕食の心配をして、時間貧乏《じかんびんぼう》にあけくれている。彼女《かのじょ》たちを幸せにするために生活を向上させる必要《ひつよう》があること、それには政治《せいじ》を変《か》えさせなければならないのだなどと。

さらに政治《せいじ》と婦人《ふじん》の幸せは繋《つな》がっているのだ。それだけに働《はたら》く女性を助《たす》けたいと、たまっていた日頃《ごろ》の熱《あつ》い思《おも》いをあふれるように語《かた》りました。

『それなら職業《しょくぎょう》婦人《ふじん》の組織《そしき》をつくって運動をはじめたらどうですか？　あなたならきっとできます、できますとも。まず手始めに職業《しょくぎょう》婦人《ふじん》の雑誌《ざっし》をお出しなさい。私ができるだけ協力《きょうりょく》してあげましょう』

と思いがけないことを下中弥三郎《しもなかやさぶろう》は提案《ていあん》してくれました。

むめおは原稿《げんこう》を書いたり家事をして、すっかり家庭の人に落ち着いていたはずでした。しかし、胸《むね》のうちに、もやもやと芽生《めば》えていた新しい運動への想《おも》いにこのとき一気に火がつきました。むめおはこのときの胸《むね》の高《たか》まりを折々思《おも》い出《だ》します。

この日の下中弥三郎《しもなかやさぶろう》の熱心なアドバイスは、むめおにとって新しい活動への分岐点《ぶんきてん》となりました。

早速《さっそく》、行動を起こしました。女性に対する世間への不満《ふまん》を語り合っていた若《わか》い職業《しょくぎょうふ》婦人《じん》たちに働《はたら》きかけて、一九二三年（大正《たいしょう》十二年）四月「職業婦人社《しょくぎょうふじんしゃ》」をたちあげます。

そして、六月には「職業婦人社《しょくぎょうふじんしゃ》」の機関紙《きかんし》「職業婦人《しょくぎょうふじん》」を発行しました。

事務所《じむしょ》は神田《かんだ》表神保町《おもてじんぼうちょう》の仲間《なかま》の下宿《げしゅく》を借《か》り、資金《しきん》は新潮社《しんちょうしゃ》の厚意《こうい》で得《え》た「婦人《ふじん》問題十六講《こう》」の印税《いんぜい》の前借《まえが》りと、平凡社社長《へいぼんしゃしゃちょう》の下中弥三郎《しもなかやさぶろう》の援助《えんじょ》で始まりました。

後《のち》に芥川龍之介《あくたがわりゅうのすけ》や菊池寛《きくちかん》や嶋中雄作《しまなかゆうさく》（婦人公論《ふじんこうろん》を創刊《そうかん》した、中央公論社社長《ちゅうおうこうろんしゃしゃちょう》）、片山《かたやま》哲《てつ》（弁護士《べんごし》、元首相）等二百名もの人々が維持《いじ》会員となり原稿《げんこう》を書《か》いてくれました。さらに寄付《きふ》をし、いろいろ援助《えんじょ》もしてくれました。そのたくさんの援助者《えんじょしゃ》に対して、むめおは言葉にならないほど嬉《うれ》しくて感激《かんげき》し、深く感謝《かんしゃ》していました。

むめおは、文を書くことも話すことも巧《たく》みでした。創刊号《そうかんごう》には「私《わたし》たちの立場」の一文《いちぶん》をのせています。そこで職業婦人《しょくぎょうふじん》たちに向かって次のように書いています。

「機関紙《きかんし》『職業婦人《しょくぎょうふじん》』を、働《はたら》いても働《はたら》いても貧《まず》しい職業婦人《しょくぎょうふじん》たちに、同《おな》じ希望《きぼう》や誇《ほこ》りを持ったものどうし、手《て》をとりあって私《わたし》たちの行く手をさえぎるものを排《はい》すべく、お互《たが》い励《はげ》まし合う場所《ばしょ》にしましょう」

創刊号《そうかんごう》の巻頭言《かんとうげん》は佐野学《さのまなぶ》（早稲田《わせだ》大学教授《きょうじゅ》、社会《しゃかい》運動の指導者《しどうしゃ》）が書いてくれました。さらに作家や学者からたくさんの原稿《げんこう》が寄《よ》せられました。

機関紙《きかんし》「職業婦人《しょくぎょうふじん》」も売れて、どうしも増《ふ》えてきた頃《ころ》、むめおにある誘《さそ》いの話が来ました。

「社会主義婦人《しゃかいしゅぎふじん》の機関紙《きかんし》を作るなら、資金《しきん》を援助《えんじょ》してあげよう」

編集同人《へんしゅうどうにん》のなかには賛成《さんせい》する人もいました。しかしむめおはきっぱりと断《ことわ》ります。「私《わたし》は勉強《べんきょう》不足で社会主義《しゃかいしゅぎ》が、まだ、理解《りかい》できません。資金《しきん》を助けていただくために、いま、自分の考えをまげて社会主義運動《しゃかいしゅぎうんどう》に参加《さんか》することはできません」

職業婦人社主催《しょくぎょうふじんしゃしゅさい》で、一九二四年（大正十三年《たいしょう》）五月三十日、第一回の研究会をもち、六月二十九日には神田《かんだ》青年館で「職業婦人問題講演会《しょくぎょうふじんもんだいこうえんかい》」を開きました。会場は予想をはるかに超《こ》えた大人数の女性《じょせい》で満員《まんいん》です。むめおは胸《むね》を熱《あつ》くして感激《かんげき》します。

職業婦人《しょくぎょうふじん》たちの切実な問題を取り上げ、働《はたら》く人々から大変《たいへん》な支持《しじ》を得《え》ました。これを機《き》に、タイピストたちの集まりが「相互職業婦人会《そうごしょくぎょうふじんかい》」を結成《けっせい》し、さらに、「婦人協会《ふじんきょうかい》」「婦人事務員協会《ふじんじむいんきょうかい》」「婦人《ふじん》タイピスト組合」「看護婦会《かんごふかい》」「助産婦同盟《じょさんぷどうめい》」等次々とグループが誕生《たんじょう》しました。そしてそれらのグループでは「職業婦人《しょくぎょうふじん》」をその機関紙《きかんし》として購読《こうどく》するようになりました。

こうして目覚《めざ》めた女性《じょせい》たちはみな職業婦人《しょくぎょうふじん》のための新しいニュースを求めます。そのため、日本中《にほんじゅう》に「職業婦人《しょくぎょうふじん》」の購読会員《こうどくかいいん》が増《ふ》えていきました。

むめおはこのことを喜《よろこ》びほっとしていました。

ところが今度は職業婦人社《しょくぎょうふじんしゃ》にとって大変《たいへん》なことが起きました。その熱烈《ねつれつ》な購読会員《こうどくかいいん》たちが次々に検挙《けんきょ》されていったのです。むめおは、なぜ、そのようなことになったのかと、ただただ驚《おどろ》くばかりでした。理由は彼女《かのじょ》たちが共産党員《きょうさんとういん》だったからです。

## 関東大震災《かんとうだいしんさい》に出会う

「職業婦人社《しょくぎょうふじんしゃ》」が勢《いきお》いを得《え》て仲間《なかま》たちが張《は》り切っていたとき、一九二三年（大正《たいしょう》十二年）九月一日にあの関東大震災《かんとうだいしんさい》がおきてしまいました。

家具は倒れ、屋根が崩れおちる激《はげ》しい揺《ゆ》れで、人々はおろおろするばかりです。ちょうどお昼の食事支度《じたく》の時間だったこともあって、あちらこちらから火災《かさい》が発生《はっせい》して、東京《とうきょう》の街《まち》は一晩中《ひとばんじゅう》、夜空を赤々と焦《こ》がし、燃《も》え続《つづ》け、朝には焼《や》け野原になっていました。

翌日《よくじつ》、九月二日、むめおは居《い》ても立ってもいられなくなりました。東京《とうきょう》の街にがれきと死体が散乱《さんらん》し、焼《や》け焦《こ》げた激《はげ》しい臭《にお》いが充満《じゅうまん》しているその惨状《さんじょう》の街中《まちなか》を、むめおは転げるように駆《か》け抜《ぬ》けて、職業婦人社《しょくぎょうふじんしゃ》の事務所《じむしょ》のあった神田表神保町《かんだおもてじんぼうちょう》にたどりつきました。やはり心配していたとおり、そこには灰燼《かいじん》があるだけでした。熱《あつ》く情熱《じょうねつ》をもやしていた同志《どうし》の夢《ゆめ》は壊《こわ》れてしまいました。せっかく軌道《きどう》に乗ってきたばかりの「職業婦人社《しょくぎょうふじんしゃ》」が壊滅《かいめつ》したのです。むめおはただ息をのみ呆然《ぼうぜん》と立ち尽《つ》くしていました。

職業婦人社《しょくぎょうふじんしゃ》も、むめおの住む家もすべてを失《うしな》ってしまったその頃、むめおは第三子を妊娠中《にんしんちゅう》で、三月出産《しゅっさん》の予定《よてい》でした。しかたなくしばらくの間、夫と息子《むすこ》と三人で東京を離《はな》れて夫、栄一《えいいち》の郷里《きょうり》、和歌山県新宮《わかやまけんしんぐう》へ疎開《そかい》することにしました。

新宮《しんぐう》の美しい山や林にかこまれて川の風や花々にとけこんで暮《く》らしていると心がおだやかにほぐれていくようで、ささやかな幸せを感じていました。

けれども、しばらくすると、むめおの胸《むね》がまたしても波立ち、仕事のことが心配でたまらなくなります。その頃はもう、出産《しゅっさん》も間近《まぢか》にせまっていました。

ちょうどその頃案《あん》じていた東京からは力強い知らせがはいりました。荒《あ》れ果《は》てた東京の街《まち》で、若《わか》い仲間《なかま》たちが「職業婦人社《しょくぎょうふじんしゃ》」を建《た》て直そうと必死《ひっし》にがんばっているというのです。むめおは喜《よろこ》んで、せっせと原稿《げんこう》を書き送り、彼女《かのじょ》たちを励《はげ》ましました。

そして三月十五日、娘《むすめ》が生まれました。和歌山《わかやま》で生まれたので「紀伊《きい》」と名づけます。

## 「職業婦人社《しょくぎょうふじんしゃ》」倒産《とうさん》の危機《きき》

娘《むすめ》が生まれると間《ま》もなく、東京からたいへん困《こま》った知らせが届《とど》きました。

「印刷費《いんさつひ》が払《はら》えなくなったので職業婦人社《しょくぎょうふじんしゃ》がつぶれそうです」

順調《じゅんちょう》に運営《うんえい》されているとばかり思っていたむめおには大変《たいへん》な衝撃《しょうげき》でした。背中《せなか》を押《お》されるように翌日《よくじつ》にはもう、春浅《はるあさ》い東京へ戻《もど》りました。まだほんの生まれたばかりの娘《むすめ》、紀伊《きい》を抱《だ》き、五歳《さい》の息子《むすこ》、杏一《きょういち》をつれていました。

騒動《そうどう》の原因《げんいん》を糾《ただ》すと、

「有名な人や賛同者《さんどうしゃ》に原稿《げんこう》を書いてくださいとお願《ねが》いには行けるが、会費《かいひ》を集めに行くことや、支援《しえん》してくれる維持《いじ》会員に寄付《きふ》をもらいに行くことは恥《は》ずかしくてできない」

と若《わか》い仲間《なかま》たちはだれもその役を嫌《きら》ったことがわかりました。当然《とうぜん》のことながら、収《しゅう》入《にゅう》はなくなり、印刷屋《いんさつや》に払《はら》えなくなったわけです。印刷屋《いんさつや》は毎日押《お》しかけてきては印刷代《いんさつだい》の請求《せいきゅう》をしていきます。

若《わか》い娘《むすめ》たちではらちが明かないとじりじりしていた印刷屋《いんさつや》は、むめおが事務所《じむしょ》に駆《か》けつけたのを知って、なおいっそう激《はげ》しく攻《せ》め立て、とうとう「訴《うった》えてやる」とまで言いだします。そうなると「一層《いっそう》、がんばろう」と反発するのがいつものむめおでした。

「よし！　震災《しんさい》でつぶれたはずだった『職業婦人社《しょくぎょうふじんしゃ》』だ。せっかく労働《ろうどう》運動も盛《さか》んになり、『職業婦人《しょくぎょうふじん》』の読者も全国に増《ふ》えてきた今だからこそ、ここで社をつぶしては読者に申し訳《わけ》ない。きっと再建《さいけん》してみせる」

とむめおは悲壮《ひそう》な決心をしました。

そう、心に再出発《さいしゅっぱつ》を誓《ちか》うと、もう夢中《むちゅう》です。むめお自身も原稿《げんこう》を書いて、有名人にも原稿を依頼《いらい》し、まとめ、編集《へんしゅう》していつもの機関紙《きかんし》として整え、新しい別《べつ》の印刷屋《いんさつや》をさがしだします。

このとき「職業婦人《しょくぎょうふじん》」を「婦人《ふじん》と労働《ろうどう》」と改《あらた》めました。

資金《しきん》も今度こそしっかり整えていこうと考え、機関紙代《きかんしだい》も一部三十銭《せん》に値上《ねあ》げし、維持《いじ》会員からの寄付《きふ》も毎月きちんともらうように努《つと》めます。

「婦人《ふじん》と労働《ろうどう》」にのせる広告《こうこく》も増《ふ》やして、広告料《こうこくりょう》をもらいにせっせとむめお自身で歩き回りました。忙《いそが》しいむめおの背中《せなか》には、今度は娘《むすめ》の紀伊《きい》がおんぶされていました。

「婦人《ふじん》と労働《ろうどう》」の執筆者《しっぴつしゃ》の常連《じょうれん》は当時、有名だった山川菊栄《やまかわきくえ》（女性解放《じょせいかいほう》運動家、後《のち》に労《ろう》働省婦人少年局長《どうしょうふじんしょうねんきょくちょう》）、平林初之輔《ひらばやしはつのすけ》（プロレタリア文学者、評論家《ひょうろんか》）、平田《ひらた》のぶ、生田花世《いくたはなよ》（詩人）、等《など》です。この人たちは快《こころよ》く原稿《げんこう》を書いてくれました。

他《ほか》にも、むめおにとってうれしく力強い心の支《ささ》えになった人たちがいます。女性《じょせい》の向上を願《ねが》った全国にいる職業婦人《しょくぎょうふじん》や貧《まず》しい主婦《しゅふ》たちです。彼女《かのじょ》たちはどんどん機関紙《きかんし》に投書してくれました。

ところが「職業婦人社《しょくぎょうふじんしゃ》」が軌道《きどう》に乗ってきたのでほっとしていたむめおに、またしても騒動《そうどう》がおきました。

印刷屋《いんさつや》が再《ふたた》び現《あらわ》れて、「以前《いぜん》の印刷代《いんさつだい》を払《はら》わないと告訴《こくそ》するぞ」と脅《おど》してきたのです。

むめおはもう今度こそは廃業《はいぎょう》かとすっかりあきらめかけましたが、最後《さいご》の頼《たの》みの綱《つな》として、三輪寿壮《みわじゅそう》（弁護士《べんごし》、社会党代議士《しゃかいとうだいぎし》）に助けを求《もと》めました。

むめおがいきさつを説明《せつめい》し窮状《きゅうじょう》を涙《なみだ》ながらに訴《うった》えると、三輪寿壮弁護士《みわじゅそうべんごし》は、

「あの連中《れんちゅう》はいい仕事をしているのだから勘弁《かんべん》してくれ」

と印刷屋《いんさつや》を説得《せっとく》し、いくらかのお金も支払《しはら》ってくれたようです。

心機《しんき》一転です。むめおは新しい気持ちで機関紙《きかんし》作りに励《はげ》んでいきました。雑誌《ざっし》の中でむめおは「毎日の暮《く》らしの中で疑問《ぎもん》や憤懣《ふんまん》や不満《ふまん》や苦しみを一人で悩《なや》まずに一緒《いっしょ》に声をあげていきましょう」と熱《ねつ》をこめて訴《うった》えました。

その頃、職業婦人《しょくぎょうふじん》たちは脚光《きゃっこう》を浴《あ》び始め、婦人雑誌《ふじんざっし》に華々《はなばな》しく取り上げられるようになっていました。雑誌《ざっし》の表紙には職業婦人《しょくぎょうふじん》が幸せそうにほほえんでいましたし、制服《せいふく》を着た華《はな》やかな娘《むすめ》たちの写真のページが、にぎやかに並《なら》んでいました。

それを見た貧《まず》しい農村の娘《むすめ》たちは、その幸せそうな姿《すがた》に憧《あこが》れ、夢《ゆめ》に酔《よ》ったように、何の準備《じゅんび》も、予備知識《よびちしき》もなく上京してきてしまいます。しかし現実《げんじつ》は厳《きび》しく、娘《むすめ》たちは泊《と》まる宿もなく、働《はたら》く職場《しょくば》もみつけられないのです。

困《こま》り果《は》てた娘《むすめ》たちは「婦人《ふじん》と労働社《ろうどうしゃ》」のむめおのところに連日《れんじつ》何人も泣《な》いて押《お》しかけてきます。相談《そうだん》の手紙も机《つくえ》の上に山のようにたまっていきました。

むめおは職《しょく》を求《もと》めて上京してくる娘《むすめ》たちに「婦人《ふじん》と労働《ろうどう》」の中で何度も警告《けいこく》しつづけました。

「不用意《ふようい》に家を飛《と》び出すことは、必《かなら》ず慎《つつし》んでください」

しかし農村が貧《まず》しくてどうしても働《はたら》かなければならない娘《むすめ》、家族を助けるために働《はたら》きたい娘《むすめ》たちは、どんどん上京してきてしまいます。むめおは彼女《かのじょ》たちの希望《きぼう》をかなえた働《はたら》き場所を探《さが》してあげたいと、親身になって産婆《さんば》の学校に入学させ、花屋に就職口《しゅうしょくぐち》を世話し、公立の職業紹介所《しょくぎょうしょうかいじょ》に紹介状《しょうかいじょう》を書くなど、彼女《かのじょ》たちのためにこまめに奔走《ほんそう》しました。

それでもまだまだ解決《かいけつ》のつかないわけありの娘《むすめ》たちは、いつも十人ぐらい、むめおの家に住まわせていました。おかげで幼《おさな》いむめおの息子杏一《むすこきょういち》も、娘《むすめ》の紀伊《きい》も、彼女《かのじょ》たちのお世話《せわ》になることになったのです。

職業婦人《しょくぎょうふじん》たちの悩《なや》みはいろいろでした。

上司《じょうし》からのセクシャル・ハラスメントやパワー・ハラスメントを受けても暮《く》らしのためには辞《や》められない。女だからと低賃金《ていちんぎん》で使われる。帰宅《きたく》しては妻《つま》として、母として家庭の仕事が待《ま》っている。聞くほどにむめおはもっと彼女《かのじょ》たちのために運動を進めねばならないと決意を固《かた》めていきます。

働《はたら》く婦人《ふじん》のためには、もっとこうした暮《く》らしの現実《げんじつ》を見つめて生活を改善《かいぜん》し、向上させる運動をしたいものだと、切実に考えるようになっていきます。

この不幸《ふこう》の根本的《こんぽんてき》な問題を解決《かいけつ》しなければ、婦人参政権運動《ふじんさんせいけんうんどう》はありえないと考えたからです。

一九二五年（大正十四年《たいしょう》）九月。むめおは機関紙《きかんし》の名称《めいしょう》を「婦人《ふじん》と労働《ろうどう》」からさらに「婦人《ふじん》運動」に改題《かいだい》します。理由は職業婦人《しょくぎょうふじん》だけではなく農村の女性、女工、芸妓《げいぎ》、女中《じょちゅう》、女子学生《じょしがくせい》、家庭婦人《かていふじん》、などの貧《まず》しい働《はたら》く婦人全体《ふじんぜんたい》の心《こころ》のよりどころとなりたい。女性の地位《ちい》向上を願《ねが》うことを考えて働《はたら》きたいと考えたからです。

乏《とぼ》しい暮《く》らしの中から誌代《しだい》を出して機関紙《きかんし》を読んでくれる全国の婦人《ふじん》の苦しい胸《むね》のうちを思い、眠《ねむ》れない夜もありました。

## 婦人消費組合協会《ふじんしょうひくみあいきょうかい》をたちあげる

雑誌《ざっし》「婦人運動《ふじんうんどう》」の発刊以来《はっかんいらい》三年が経過《けいか》し、順調《じゅんちょう》に読者を増《ふ》やしていた頃でした。一九二五年（大正《たいしょう》十四年）のことです。中野《なかの》に新居格《にいいいたる》を中心とする消費組合西郊共働《しょうひくみあいせいこうきょうどう》社《しゃ》が創立《そうりつ》されます。

新居格《にいいいたる》はむめおに、

「この消費組合西郊共働社《しょうひくみあいせいこうきょうどうしゃ》を一緒《いっしょ》にやりましょう。組合の近所に借家《しゃくや》を探《さが》してあります。敷金《しききん》も貸《か》してあげましょう」

と熱心《ねっしん》に誘《さそ》ってくれましたので手伝《てつだ》うことにしました。

書斎人《しょさいじん》になろうとしていたむめおでしたが、新居格《にいいいたる》を尊敬《そんけい》していましたし、もともと暮《く》らしについて深い関心《かんしん》があったからです。

新居格《にいいいたる》は消費《しょうひ》組合運動に関《かん》する書物をどんどん貸して勉強させ、指導してくれました。むめおはぐんぐんその運動の魅力《みりょく》に引き込《こ》まれていきます。

「婦人運動」の表紙（海老原喜之助画）

新居格《にいいたる》は多才な人でした。東京大学を卒業《そつぎょう》した社会思想の研究家でした。そして作家でもあり、文芸評論家《ぶんげいひょうろんか》、社会評論家《ひょうろんか》として有名でした。パールバックの小説《しょうせつ》、「大地《だいち》」の翻訳《ほんやく》もしています。

農民《のうみん》運動、農業協同組合《きょうどうくみあい》、生活協同組合《きょうどうくみあい》の創設《そうせつ》にも熱心《ねっしん》に関《かか》わり、戦後、東京の杉並区《すぎなみく》長《ちょう》もした人です。

消費組合《しょうひくみあい》とは、生活用品や食料《しょくりょう》などの大きな会社や卸問屋《おろしどんや》から直接《ちょくせつ》買い入れて組合員に安く売り、配当する非営利団体《ひえいりだんたい》です。

財産《ざいさん》、土地を持っている人、資本家《しほんか》を有産《ゆうさん》階級といいましたが、その反対の人たち、働《はたら》いて賃金《ちんぎん》、給料《きゅうりょう》をもらって生活している人たちは無産《むさん》階級といわれていました。その中のインテリの人々が中心になって、消費《しょうひ》組合運動がおこります。「無産《むさん》インテリ」といわれるグループです。

新居格《にいいたる》を中心とした消費組合西郊共働社《しょうひくみあいせいこうきょうどうしゃ》もそのひとつでした。

むめおは女性《じょせい》たちが仲良《なかよ》く組合活動ができ、組織《そしき》を大きくするために、新しいアイデアとして、地域《ちいき》に家庭会をつくりました。

家庭会には子ども会ができました。ピクニックに出かけ、講演会《こうえんかい》を計画し、映画会《えいがかい》、演劇会《えんげきかい》とどんどん活動を広げていきました。

家庭会は盛《さか》んになり女性たちは楽しそうでいつも盛況《せいきょう》でした。日用品、食品などの共同購入《こうにゅう》に発展《はってん》しどんどん女性の力が発揮《はっき》されていきました。赤ん坊《ぼう》をおんぶして、行事に、買い物に、集まってくるお母《かあ》さんたちの暮《く》らしを助けるために、むめおは新たな決心を固《かた》めました。

「婦人消費組合協会《ふじんしょうひきょうかい》」を立ち上げたのです。

「生活のための消費《しょうひ》は女性が主人公だ。女性の手で、女性のための消費《しょうひ》組合を作ろう」

事務所《じむしょ》は職業婦人社《しょくぎょうふじんしゃ》におきました。一九二八年（昭和《しょうわ》三年）むめお三十三歳のことでした。

むめおは家庭会での経験《けいけん》や今まで慎重《しんちょう》に組み立ててきた理想を、すぐに実行にうつしました。

青森《あおもり》からりんごを、静岡《しずおか》からはみかんやお茶を送ってもらい、組合員に新鮮《しんせん》なものを安

婦人消費組合協会の発会式にて
（昭和３年）

く売りました。むめおには声をかければすぐに協力《きょうりょく》してくれる地方の友人や農民《のうみん》たちが大勢《おおぜい》いました。彼《かれ》らに力を貸《か》してもらい、「産直《さんちょく》」というアイデアを実行してみました。今でこそ産地《さんち》直送など珍《めずら》しい話ではありませんが当時は珍《めずら》しかったのです。評判《ひょうばん》は上々でした。

一方で「婦人《ふじん》と経済講座《けいざいこうざ》」などの勉強会、講演会《こうえんかい》を次々に開きました。賀川豊彦《かがわとよひこ》（キリスト教社会運動家で消費《しょうひ》組合運動に力を注《そそ》いだ人）らを招《まね》いた講演会《こうえんかい》は盛況《せいきょう》でした。

この婦人消費《ふじんしょうひ》組合協会《きょうかい》には、むめおの並々《なみなみ》ならぬ思い入れがありました。理想とする企画《きかく》は、母性保護《ぼせいほご》のための母子扶助法制定《ぼしふじょほうせいてい》、公設産児制限相談所設《こうせつさんじせいげんそうだんじょせつ》置《ち》、児童福祉《じどうふくし》、産地《さんち》直送、日用品品質検査《ひんしつけんさ》、消費税撤廃《しょうひぜいてっぱい》などです。

一九二八年（昭和《しょうわ》二年）には、もうこれらの運動が始まっていたのです。

世の中に労働者《ろうどうしゃ》で組織《そしき》された消費《しょうひ》組合もちらほらできたときでしたので、婦人《ふじん》のためのこの婦人消費《ふじんしょうひ》組合協会《きょうかい》は全国的《ぜんこくてき》に支部《しぶ》ができて盛《さか》んになっていきました。

実行力が認《みと》められて　むめおは関東消費《かんとうしょうひ》組合連盟《れんめい》の中央委員及《ちゅうおういいんおよ》び婦人部長《ふじんぶちょう》となります。

婦人消費《ふじんしょうひ》組合運動《うんどう》は、むめおの理想《りそう》に近づきどんどん成長《せいちょう》していきました。むめおもさらにこの新《あたら》しい企画《きかく》をもう一歩のばしたいと願《ねが》っていました。

ところが今度もまた、むめおにとって大変《たいへん》な衝撃《しょうげき》となる恐《おそ》ろしい事件《じけん》が起きてしまいます。

一九三〇年頃《ころ》の昭和《しょうわ》の大不況《だいふきょう》で、経済界《けいざいかい》は大変《たいへん》な時期にはいりました。

そのあおりを受けて、むめおが精魂《せいこん》こめて大事に育ててきた婦人消費《ふじんしょうひ》組合協会《きょうかい》も解散《かいさん》しなければならなくなったのです。中心になって働《はたら》いていた大切な親しい同志《どうし》が、無産政《むさんせい》党《とう》の分裂《ぶんれつ》のあおりを受けて次々に去っていってしまいました。

むめおはすべてを打ち込《こ》んで情熱《じょうねつ》を燃《も》やした計画が少しずつ実《みの》り、成績《せいせき》も上向《うわむ》きになって喜《よろこ》んでいたときの事件《じけん》でした。婦人消費《ふじんしょうひ》組合運動が解散《かいさん》してしまうと、むめおは呆然《ぼうぜん》として立ち上がれないほど落胆《らくたん》しました。前途《ぜんと》に突然《とつぜん》、大岩が転《ころ》がり落ちてきたような衝撃《しょうげき》でした。

くやしさと悲しみと落胆《らくたん》はますますふくらみ、後々《のちのち》までむめおの胸《むね》の中で煮《に》えたぎって忘《わす》れることはありませんでした。

このときのむめおの落胆が後々《のちのち》、仕事の集大成《しゅうたいせい》といえる主婦連合会《しゅふれんごうかい》を立ち上げる原動力となっていきます。今の主婦連合会《しゅふれんごうかい》の原型《げんけい》がここにあります。ここでむめおは消費《しょうひ》組合で果たせなかった数々の活動《かつどう》を実現《じつげん》することとなります。

## 農業協同《きょうどう》組合出版《しゅっぱん》「家《いえ》の光《ひかり》」とのかかわり

一方で、その頃、また、新しい巡《めぐ》り合いがありました。

今の農業協同組合の前身の産業《さんぎょう》組合中央会が出版《しゅっぱん》していた「家《いえ》の光《ひかり》」という雑誌《ざっし》が「つぶれそうだから手伝《てつだ》ってくれないか」と会長の千石興太郎《せんごくこうたろう》に誘《さそ》われたのです。

「女性同盟《じょせいどうめい》」「職業婦人《しょくぎょうふじん》」など長く機関紙《きかんし》に関《かか》わってきたむめおの経験《けいけん》が買われました。むめおは「家《いえ》の光《ひかり》」誌《し》の編集方針《へんしゅうほうしん》を変更《へんこう》します。

家庭のこと、暮《く》らしのこと、料理《りょうり》、小説《しょうせつ》や楽しい読み物などもとりいれて、農業のことに偏《かたよ》らない編集《へんしゅう》をこころがけ、女性、家庭婦人《ふじん》に関心《かんしん》をもってもらう企画《きかく》をたてました。

やがてそれが実って、農村向《む》け月刊誌《げっかんし》「家《いえ》の光《ひかり》」は百十六万部を売り上げるまでに成長《せいちょう》させることができました。この仕事のおかげで、むめおは新しく地方の農民《のうみん》運動の人々とも交流がうまれます。

吉岡弥生《よしおかやよい》（始めての日本女医学校《にほんじょいがっこう》を創《つく》った）らと「家《いえ》の光《ひかり》」婦人委員《ふじんいいん》となり、農業協同《きょうどう》組合の新しい運動にもふみだしました。

肥料《ひりょう》など農業用のものしか売っていなかった農協《のうきょう》で、今度は石鹸《せっけん》や日用品や菓子《かし》を売って組合マークをつけるというアイデアを提案《ていあん》したところ、好評で組合の収入《しゅうにゅう》も大きくふえていきます。

# 第五章　婦人《ふじん》セツルメント設立《せつりつ》

## 婦人《ふじん》の社会学校を設立《せつりつ》

むめおにとってはたいへん残念《ざんねん》なことに、婦人消費組合事業《ふじんしょうひくみあいじぎょう》は消滅《しょうめつ》してしまいました。しかし、女性の幸せのための事業への夢《ゆめ》や理想《りそう》を決してあきらめることはできませんでした。

むめおがさらに、完成し、充実《じゅうじつ》した事業をめざしてあれこれと、模索《もさく》して日を送っていたときのことです。思いがけなく、むめおに新しい構想《こうそう》を実現《じつげん》するチャンスが到来《とうらい》したのです。

消費《しょうひ》組合運動で知り合った敬隣館《けいりんかん》、労働者宿泊所主事《ろうどうしゃしゅくはくじょしゅじ》の横山秀英《よこやまひでお》からのセツルメント設立《せつりつ》の誘《さそ》いです。むめおは衝撃《しょうげき》にしずんでいたときでしたから、

「あなたなら有効《ゆうこう》に使ってもらえるだろうから、本所林町《ほんじょはやしちょう》にある百坪《つぼ》の二階家《かいや》を安く貸《か》してあげよう」

という横山秀英《よこやまひでお》の誘《さそ》いをむめおは千載一遇《せんさいいちぐう》の幸運と喜《よろこ》び、セツルメントの運営《うんえい》を引き受け

ます。

あちらこちらにセツルメントができてきたのは一九三〇年（昭和《しょうわ》五年）頃のことでした。

セツルメントとは、もともとイギリスで始《はじ》まった社会事業《しゃかいじぎょう》です。宗教家《しゅうきょうか》や学生《がくせい》やお金《かね》持《も》ちの人《ひと》たちが、貧《まず》しい人々《ひとびと》の街《まち》に住《す》み込《こ》んで住民《じゅうみん》の生活向上《せいかつこうじょう》のために、託児所《たくじしょ》、宿泊《しゅくはく》所《じょ》、働《はたら》く仕事場《しごとば》を世話《せわ》したり助《たす》けたり、教育《きょういく》する慈善事業《じぜんじぎょう》のことをいいます。

この年、むめおは三十五歳《さい》になっていました。

むめおが早速《さっそく》、胸《むね》をわくわくさせて相談《そうだん》したのは職業婦人社《しょくぎょうふじんしゃ》の仲間《なかま》でした。

「それなら早いほうがいいわ」

彼女《かのじょ》たちもたいへん乗り気で大賛成《だいさんせい》してくれました。

そこで職業婦人社《しょくぎょうふじんしゃ》の事務所《じむしょ》を急遽《きゅうきょ》、今まで使っていた市ケ谷本村町《いちがやほんむらちょう》から本所林町《ほんじょはやしちょう》の地に移《うつ》しました。むめおは職業婦人社《しょくぎょうふじんしゃ》の仕事とセツルメントを同時に運営《うんえい》するという困《こん》難《なん》を承知《しょうち》で、二つのきびしい大仕事を背負《せお》うことになります。

セツルメント運営《うんえい》といっても、むめおの考えていた運動は、一般《いっぱん》に言われているような慈善《じぜん》事業とは違《ちが》った形の活動でした。

「婦人《ふじん》が働《はたら》きつつ学び、学びつつ広く社会に働《はたら》きかける、社会学校のようなものです。孤《こ》立《りつ》せず仲間《なかま》がいて助け合う場。『婦人《ふじん》と子どもの集《つど》う家』が私《わたし》のセツルメントです」

とむめおは自伝「野火あかあかと」の中に書いています。

これまで長いこと働《はたら》いてきた社会運動の体験《たいけん》と理想をここでまとまった形に実現《じつげん》できる喜《よろこ》びに燃《も》えて、むめおはこのときにはもう、はっきりと本所林《ほんじょはやし》町でのセツルメント構想《こうそう》をかためていました。むめおの目標《もくひょう》は欲張《よくば》りなものでした。婦人《ふじん》たちのための社会学校を目《もく》標《ひょう》として、以下《いか》九つのセツルメント構築《こうちく》に夢中《むちゅう》になっていきました。

一、平等《びょうどう》な立場で地域《ちいき》の人たちと仲良《なかよ》くなる。

二、婦人《ふじん》の社会学校なのだから、活動は自主的《じしゅてき》にみんなで協力《きょうりょく》して企画運営《きかくうんえい》する。

三、保育園《ほいくえん》をつくる。

四、健康《けんこう》と経済《けいざい》を考えて、食生活向上のために共同炊事《きょうどうすいじ》をする。

五、毎日の暮《く》らしの仕方を指導《しどう》して、生活の合理化。余暇《よか》をつくる。

六、保育園児《ほいくえんじ》の母の会に消費《しょうひ》組合をつくり、日用品を安く提供《ていきょう》したい。

七、だれでもいつでも学べる部屋《へや》をつくる。一般常識《いっぱんじょうしき》、本科、家政科《かせいか》、夜間女学校を設置《せっち》。
八、地方から出てきた女性《じょせい》のために宿泊部《しゅくはくぶ》をつくる。
九、産児調節部《さんじちょうせつぶ》をつくり、同時に地域《ちいき》の健康管理《けんこうかんり》、指導《しどう》をする。

## 第一の仕事　第二の仕事
### ――本所林《ほんじょはやし》町で仲良《なかよ》く、自主的《じしゅてき》に――

セツルメントを設立《せつりつ》するにあたって、むめおはそこに住む浮浪者《ふろうしゃ》も、日雇《ひやと》いのお父《とう》さんも、内職《ないしょく》をするお母《かあ》さんも平等《びょうどう》に参加《さんか》して、みんなで共同《きょうどう》の自治《じち》による運動にしようと考えていました。

地域《ちいき》にとけこんで頑張《がんば》ろうと、職業婦人社《しょくぎょうふじんしゃ》の六人の仲間《なかま》と一緒《いっしょ》に覚悟《かくご》はして引っ越《こ》してきたのでしたが、まず本所林町《ほんじょはやしちょう》という土地柄《とちがら》に驚《おどろ》きました。

路地《ろじ》を歩くと昼間《ひるま》でも大きなやぶ蚊《か》が襲《おそ》ってきましたし、子どもたちは下水道のどぶ板をばたばた音を立ててはねて遊び、男たちは酒に酔《よ》っぱらって軒下《のきした》でごろごろ寝《ね》ています。なかにはよごれた着物のシラミをつぶしたりしている人もいるという有様《ありさま》です。

あたり一面に悪臭《あくしゅう》がみちているこの街《まち》で、彼《かれ》らにとけこんでいくにはどうしたらよいのかと、呆然《ぼうぜん》としてしまいます。

まず、最初《さいしょ》にむめおたちがこの本所林町《ほんじょはやし》で始めたことは、横山氏《よこやまし》から借《か》りた百坪《ひゃくつぼ》の家の大掃除《おおそうじ》でした。職業婦人社《しょくぎょうふじんしゃ》の六人が着物のすそをはしょって掃除《そうじ》を始めると、びっくりして珍《めずら》しがった近所の子どもたちや大人《おとな》のやじうまが大勢《おおぜい》見物にきました。

「おばさん、何してるの？」

「大掃除《おおそうじ》よ。手伝《てつだ》ってくれる？」

「うん、いいよ」

気《き》のいい住人たちは、面白《おもしろ》半分に掃除《そうじ》を手伝《てつだ》ってくれたので、もうその日から彼《かれ》らとすっかり仲良《なかよ》くなってしまいました。

むめおたちは銭湯《せんとう》に一緒《いっしょ》に入ったり、手紙の代筆をしたり、縫《ぬ》い物を教えたり、子守をしてあげました。さらに夕飯《ゆうはん》のおかず作《づく》りをしたりして、来る日も来る日もお母《かあ》さんたち、女性たちと仲良《なかよ》くなることにつとめました。

## 第三の仕事

### ——保育園《ほいくえん》をつくる——

次の大仕事は託児所《たくじしょ》、保育園《ほいくえん》づくりです。

むめおにはセツルメントでの託児所設立《たくじしょせつりつ》への並々《なみなみ》ならぬ思い入れがありました。新婦人協会《しんふじんきょうかい》運動の頃《ころ》に、長男、杏一《きょういち》を託児所《たくじしょ》にあずけたまま、しばしば定時に迎《むか》えに行くことができませんでした。だれもいない真っ暗な下駄箱《げたばこ》の前に置《お》き去《ざ》りにされて、転《ころ》んで泣《な》き疲《つか》れ、寝《ね》ているわが子の姿《すがた》を見るのは珍《めずら》しくありませんでした。そんなときむめおは、ひとり涙《なみだ》をこぼしながら杏一《きょういち》をおんぶして家路《いえじ》を急ぎます。

わが息子《むすこ》にはずいぶん可哀想《かわいそう》なことをしたと、ずっと胸《むね》を痛《いた》め続《つづ》けました。このつらい過去《かこ》の経験《けいけん》から、どうしてもこのセツルメント活動の最初《さいしょ》の仕事として、忙《いそが》しく働《はたら》くお母《かあ》さんが安心して仕事ができるような託児所《たくじしょ》をつくりたかったのです。

ここ林町《はやしちょう》の子どもたちは暗いじめじめした部屋《へや》の中にうずくまる毎日で、空を仰いで遊ぶことはありませんでした。この町の女性《じょせい》たちはだれもがみんな貧乏《びんぼう》で、子どもたちの食事には佃煮《つくだに》など栄養価《えいようか》の乏《とぼ》しいおかずだけでした。そのせいかどの子も青白くやせていました。

大掃除《おおそうじ》がすんできれいになったこの百坪《ひゃくつぼ》の家での最初《さいしょ》の仕事は「子ども招待会《しょうたいかい》」です。

「この広い遊び場にみんな遊びにきてください」とよびかけたところ、あっという間《ま》に二百人の子どもが集まってしまいました。

当日は歌を歌ったりお話をしたりお遊戯《ゆうぎ》をしたりして子どもたちは大喜び、帰りには一箱ずつのキャラメルをおみやげにもらいにこにことして帰りました。

「子ども招待会《しょうたいかい》」の盛況《せいきょう》に気をよくしたむめおたちは、いよいよ保育園《ほいくえん》を開こうと、園《えん》児《じ》を募集《ぼしゅう》すると、またまた二百三十八人もが申し込《こ》んできました。

喜《よろこ》んだりびっくりしたりしましたが、実はむめおたちは保育《ほいく》についてはまったくの素人《しろうと》で何も知りませんでした。ただ保育園《ほいくえん》がほしいという意気込《ご》みと熱意《ねつい》だけで始まったセツルメント活動だったからです。

「このセツルメントの保育園《ほいくえん》は普通《ふつう》の幼稚園《ようちえん》のような教育はしません。遊び道具もありません。お子さんをあずかってあげますが、のびのびと遊ばせるのです。勤労奉仕《きんろうほうし》でお母《かあ》さんたちに保育《ほいく》を手伝《てつだ》ってもらいます」

集まった親たちに、むめおが説明会《せつめいかい》でこう話をすると、親《おや》たちは、

「これでは保育園《ほいくえん》じゃない」

と言って申し込《こ》み者《しゃ》は八十人に減《へ》ってしまいました。

初めは保育《ほいく》を手伝《てつだ》っていたお母《かあ》さんたちも、やはり勤労奉仕《きんろうほうし》を嫌《きら》ってだんだん辞《や》める人が続《つづ》いて長続《ながつづ》きしませんでした。

結局《けっきょく》、協同《きょうどう》、自主の理想をかかげて運営《うんえい》するというむめおの精神《せいしん》を、お母《かあ》さんたちに理《り》解《かい》してもらうことは無理《むり》なことだったのです。

保母《ほぼ》学校を卒業《そつぎょう》した保母《ほぼ》を雇《やと》いますが、彼女《かのじょ》たちも安い給料《きゅうりょう》と保育内容《ほいくないよう》や設備《せつび》などに不満《ふまん》を持って辞《や》めていきました。職業婦人社《しょくぎょうふじんしゃ》の仲間《なかま》も全員去りました。

子どもたちは楽しんで通ってきますので、しかたなく田舎《いなか》から出てきた若《わか》い娘《むすめ》とむめおの二人だけで、遊び道具は二束《ふたたば》の薪《たきぎ》とぼろのゴザだけでしたけれど体をつかって子どもたちの遊び相手《あいて》になっていました。

薪《たきぎ》を並《なら》べたりゴザにくるまったり、それでも子どもたちは明るく元気に毎日を楽しんで

通ってきました。

「せんせ、せんせ、こんどは　お馬さんになってよ」

「はいはい。いいわよ」

「お馬が走る。パカパカ。もっと速《はや》く走《はし》ってよ」

「そんなにみんなが乗ったら走れないわよ。ああつかれた。こんどは、汽車ですよ」

そういってむめおはごろんと寝転《ねころ》がってしまいます。

こんな有様《ありさま》ですから、まるで保育《ほいく》をする形になっていないこの姿《すがた》を見かねた近所《きんじょ》の教会の牧師《ぼくし》さんが、新しいピカピカの二基《にき》のブランコを寄付《きふ》してくれました。

その頃《ころ》このセツルメントでは、電球を買うお金《かね》も惜《お》しんで、下の階《かい》に一つしかない電球をはずして二階にもって行かなければならない有様《ありさま》でした。

もともと資産《しさん》もなく始めた仕事でした。セツルメントを運営《うんえい》するにはどうしても家賃《やちん》、電気代、保母《ほぼ》の給料《きゅうりょう》など維持費《いじひ》としての資金《しきん》が必要《ひつよう》です。運営資金《うんえいしきん》は主《おも》に保育料《ほいくりょう》の一円五十銭《せん》でした。しかし貧《まず》しい親《おや》たちはそれさえも払《はら》えず、三十パーセントもの未納《みのう》がちの保育料《ほいくりょう》では、とても保育園《ほいくえん》は運営《うんえい》できません。

むめおはこの窮状《きゅうじょう》を子どもの親《おや》たちに訴《うった》えます。するとその説得《せっとく》に理解《りかい》を示《しめ》し、お金のないお母《かあ》さんは労力《ろうりょく》で協力《きょうりょく》しようと言ってくれました。遊んでくれる会員、つめを切ってくれる会員、繕《つくろ》い物をしてくれる会員、また、おやつを持ってきてくれる「おやつ会員」もあらわれてきました。

しかしそれでもなお、資金《しきん》は不足《ふそく》でしたので、積極的《せっきょくてき》に収入《しゅうにゅう》を得《え》るために、保育園児《ほいくえんじ》の父の会、母の会が映画会《えいがかい》、観劇会《かんげきかい》の切符《きっぷ》を売ってもうけたり、不用品《ふようひん》の友愛《ゆうあい》セールをしました。昨今《さっこん》の行政《ぎょうせい》が指導《しどう》しているリサイクル運動の「フリーマーケット」のようなものもしたのです。ときには後援者《こうえんしゃ》の庭に咲《さ》くコスモスをわけてもらい、花束《はなたば》にして売ったり、資金《しきん》集めにはあらゆる方法《ほうほう》を考えました。

それでも足りない赤字の分は、むめおが働《はたら》いてきた講演料《こうえんりょう》や職業婦人社《しょくぎょうふじんしゃ》の収益《しゅうえき》から補填《ほてん》したり、むめおが自身でセツルメントに理解《りかい》のあるお金持ちのお宅《たく》におしかけては、積極的《せっきょくてき》に特別賛助会員《とくべつさんじょかいいん》になってもらい、大口の百円の寄付《きふ》をお願《ねが》いしました。

こうして有名《ゆうめい》、無名《むめい》の人《ひと》、たくさんたくさんの人《ひと》たちに助けてもらいました。

しばらくたってからは、日本女子《にほんじょし》大学の託児所主任《たくじしょしゅにん》の丸山千代《まるやまちよ》、二葉保育園《ふたばほいくえん》の徳永恕《とくながひろし》にさまざまな知恵《ちえ》と技術《ぎじゅつ》や託児所《たくじしょ》の運営《うんえい》に関《かん》して指導《しどう》を受け、学ばせてもらいました。

あいかわらず資金難《しきんなん》は続《つづ》いていましたが、この頃《ころ》になってようやく保育園《ほいくえん》の運営方法《うんえいほうほう》も少しずつわかりかけてきました。

親たちでさえ、本所《ほんじょ》という町しか知らず、海を見たこともないという暮《く》らしの中にいたのですから、子どもたちはまったく自然《しぜん》を知りません。

むめおはドブ板をふんで遊びまわり、色つきの安い駄菓子《だがし》をなめて薄暗《うすぐら》いじめじめした狭《せま》い家の中にいた子どもたちに「外に出よう」「のびのびと遊べ」「空を見よう」と呼《よ》びかけました。

子どもの親たちも一緒《いっしょ》に外《そと》へ連《つ》れ出しました。日光を浴《あ》び思いっきり遊ばせたいと計画を立てます。

お花見会、クリスマス会、遠足、動物園、潮干狩《しおひが》り、明るい自然《しぜん》の光を浴《あ》びさせるなど、次々に計画します。とうとう海の家まで契約《けいやく》してしまいました。しかし海へ行ったり遠足に行くためにはお金が必要《ひつよう》です。積立貯金《つみたてちょきん》をすることも教えました。いつの間にかセツルメント付近《ふきん》は活気があふれ大人《おとな》も子どももぐんぐん元気になっていきました。

設備《せつび》はなくとも「よく遊べ」「空を見よ」の元気な保育園《ほいくえん》になっていきました。

こうして三年も過《す》ぎた一九三三年（昭和《しょうわ》八年）頃《ころ》、徐々《じょじょ》に町の人たちにも信頼《しんらい》されて受け入れてもらえるようになっていきましたので、ここで、また、次の仕事を始めました。

## 第四の仕事
### ――共同炊事《きょうどうすいじ》をはじめる――

この街《まち》の人たちは貧《まず》しくて栄養状態《えいようじょうたい》はいつもながら悪く、ことに子どもたちの青白い顔をむめおは心配していました。

まず、むめおの考えたことは、園児《えんじ》に給食《きゅうしょく》を始めようということです。園児《えんじ》の母の会に当番をきめて、おかず給食《きゅうしょく》を始めると、母親たちの中には、それを夕飯《ゆうはん》のおかずにしたいという者も現《あらわ》れて、とうとう夕飯《ゆうはん》のおかずも実費《じっぴ》で売るほどに、たいそうな評判《ひょうばん》になりました。

内職《ないしょく》で忙《いそが》しいお母《かあ》さんたちの時間の節約《せつやく》のために、栄養《えいよう》があり安くおいしいものを共《きょう》同《どう》で作ることは大変《たいへん》でした。そこでむめおは次に、子どものおかず給食《きゅうしょく》の発展《はってん》として、お母《かあ》さんたちの要望《ようぼう》をかなえるため、給食《きゅうしょく》の地区の共同炊事《きょうどうすいじ》を提案《ていあん》しました。

料理《りょうり》も楽しいアイデアを考えました。さつまいもを油揚《あぶらあ》げでつつんで「母の情《なさ》け」、ひじきにうち豆を煮込《にこ》んで「さざれ石」というものや、揚《あ》げ物を作るなど、次々に面白《おもしろ》い名前をつけて売りました。すると、お母《かあ》さんたちはみんな喜《よろこ》んで手伝《てつだ》うようになって、共同《きょうどう》炊事《すいじ》はさらに根《ね》づいていきました。

## 第五の仕事

### ——生活の合理化、きちんと暮《く》らすこと——

むめおは次の仕事として、きちんとした暮《く》らしの仕方の指導《しどう》を始めました。

生活の合理化です。まず、家の中を片付《かたづ》けて整頓《せいとん》することを提案《ていあん》しました。すると、無《む》駄《だ》なものが片付けられて、じめじめした乱雑《らんざつ》な家の中が清潔《せいけつ》になり、探《さが》し物の時間が減《へ》ったと大喜《おおよろこ》びされました。街《まち》も家の中も開放《かいほう》されて、お母《かあ》さんたちは明るくなっていきました。

余暇《よか》に子どもたちの話し相手をする余裕《よゆう》も出てきました。

むめおは次の仕事として、お母《かあ》さんたちの心をもっと開放《かいほう》してあげたいと考えます。

「母の会例会《れいかい》」というものです。

この例会《れいかい》はお母《かあ》さんたちにとって、ふだんの生活の不満《ふまん》や夫《おっと》への不満《ふまん》、悩《なや》み事を吐《は》き出《だ》し、にぎやかに心を開いて笑《わら》いあう楽しい時間となりました。

「母の会は母《かあ》さんの命の洗濯日《せんたくび》」といって、月に一回の例会《れいかい》にいそいそと、にこにこと集まってくるお母《かあ》さんたちを見て、むめおは大喜《おおよろこ》び。これらが何よりの励《はげ》みになりました。

彼女《かのじょ》たちの生活が合理化してくると、お金の使い方も上手《じょうず》になり、時間も余暇《よか》ができて、子どもたちとも話をする時間や本を読む時間も生まれてきました。さあ、次の計画です。

## 第六の仕事
### ――消費《しょうひ》組合をつくる――

家庭の経済《けいざい》の助けをしてあげたいと会員を中心に消費《しょうひ》組合を参加《さんか》させます。一口十銭《せん》で会員になると、日用品を安く買《か》うことができるようになり、この街《まち》はむめおの予想を超《こ》えるほどの、余裕《よゆう》と明るさにあふれ、元気になっていきました。

## 第七の仕事

### ――だれでも学べる部屋《へや》をつくる――

これまでは貧《まず》しさに追い詰《つ》められて、ただその日、その日を生きるためにだけ暮《く》らしていた本所林町《ほんじょはやしちょう》の女性《じょせい》たちに、今、活《い》き活《い》きとして生活する明るい兆《きざ》しが見えてきました。するとむめおにはもっと欲《よく》が出てきました。

それはセツルメントの人たちに楽しくしっかりと勉強をさせてあげたいということでした。

セツルメントには百坪《ひゃくつぼ》の建物《たてもの》がありましたから、保育園《ほいくえん》をしてもまだ余裕《よゆう》がありました。むめおはセツルメントの中のあらゆる部屋《へや》を有効《ゆうこう》に利用《りよう》して学べる部屋《へや》をつくりました。保育園《ほいくえん》の調理室は料理《りょうり》教室に使います。玄関《げんかん》の入り口の空《あ》きスペースには新聞や雑誌《ざっし》をそろえておきました。セツルメントすべてを地域《ちいき》の子どもとおとなたちのために開放《かいほう》したのでした。

「勉強の部屋《へや》へいらっしゃい。だれでも、いつでも、実際《じっさい》の生活に役に立つ勉強ができます」

と宣伝《せんでん》したところ、不安げに恐《おそ》る恐《おそ》る様子を見に来た人たちが、次第に大勢《おおぜい》集まってくるようになりました。

セツルメント以外《いがい》のところからは職業《しょくぎょう》婦人《ふじん》や娘《むすめ》さんたち、もちろんセツルメントのお母《かあ》さんたちもです。

むめおは社会問題の講座《こうざ》を開き一流の講師《こうし》を招《まね》きます。先生には職業《しょくぎょう》婦人社《ふじんしゃ》の仲間《なかま》や特技《とくぎ》をもつ友人たちを頼《たの》みました。知らないことが多いこの街《まち》の女性たちに、一般婦人《いっぱんふじん》の常識《じょうしき》をしっかりと身につけさせてあげたかったのでした。

一年間で終了《しゅうりょう》の本科、専修科《せんしゅうか》、家政科《かせいか》をもうけ、和裁《わさい》、洋裁《ようさい》の講座《こうざ》を開設《かいせつ》し、働《はたら》く女性のためには、夜間女学部も設置《せっち》しましたので、夕方には勤《つと》め帰《がえ》りの若《わか》い娘《むすめ》たちがいそいそと大勢《おおぜい》集まってきます。こうして、朝も昼も夜も楽しそうな笑《わら》い声がひびき、にぎやかなセツルメントになっていきました。それはそれは楽しそうでした。

子どもたちも学校が終わるといそいそとかけつけてきました。おさらい会や子ども会、今でいう学童保育のようなものを催《もよお》し、形態《けいたい》は子どもたち自身が自主的《じしゅてき》に、自由にきては運営《うんえい》していたので、いつも新しい企画《きかく》がうまれ、楽しい広場になりました。「学びたい人《ひと》はだれでも、いつでもセツルメントへ行く」ことができました。

## 第八の仕事
### ――宿泊部《しゅくはくぶ》、職業相談部《しょくぎょうそうだんぶ》――

その頃《ころ》、むめおの頭の中には、もう新しい次の計画が湧《わ》きあふれてきました。職場《しょくば》も泊《と》まるあてもないまま不用意《ふようい》に地方から出てくる女性たちのために、簡易宿泊《かんいしゅくはく》部《ぶ》を作ることでした。娘《むすめ》が一人《ひとり》で思《おも》いあまって、東京に来ればなんとかなるかと出てきたものの、準備《じゅんび》なしには仕事もあるはずがありません。

こんな娘《むすめ》たちのために、宿泊《しゅくはく》させて彼女《かのじょ》たちにふさわしい職業《しょくぎょう》を探《さが》す相談《そうだん》にのってあげることは並々《なみなみ》ならぬ苦労《くろう》でした。雑誌《ざっし》などを見て華《はな》やかな東京というところにあこがれだけで上京してきた娘《むすめ》たちには、よくよく説得《せっとく》して故郷《こきょう》へ帰るようにすすめました。

# 第九の仕事

## ――産児《さんじ》調節《ちょうせつ》相談部《そうだんぶ》を設置《せっち》する――

むめおの最《もっと》も心を痛《いた》めていた重要《じゅうよう》な問題は産児制限《さんじせいげん》問題でした。本来、幸せで祝福《しゅくふく》されるべき出産《しゅっさん》が、この街《まち》では女性の苦しみや不幸《ふこう》の源《みなもと》となるという不合理《ふごうり》をなくすことです。産児調節《さんじちょうせつ》こそ、このセツルメントがメイン・テーマとして推進《すいしん》しなければならない大仕事だとむめおはしみじみ思ったのです。

むめおには、母《はは》が三十三歳《さい》の若《わか》さで亡《な》くなったというつらい思い出があります。もともと病弱《びょうじゃく》だった美しい母は、舅《しゅうと》、姑《しゅうとめ》、使用人たちの大家族を支《ささ》え、次々と七人の子どもを生み育て、弱り果《は》ててとうとう体力を使い果《は》たしました。このことが亡《な》くなった原因《げんいん》だとむめおはずっと考えてきました。

この悲劇《ひげき》はむめおの母だけではなく、むめおがこれまで働《はたら》いてきた社会運動の中で、農村やドブ板の街《まち》で多くみてきました。貧《まず》しい女性《じょせい》たちがやせ衰《おとろ》えて幼《おさな》い子どもを残《のこ》して死んでいく有様《ありさま》を、まざまざと見て胸《むね》を痛《いた》めてきたのです。

この身《み》をむしられるような極限《きょくげん》の苦しみを味わって、死にゆく母と残《のこ》された子どもの悲しみをなくしたいのが悲願《ひがん》でした。

「ほんとに、ほんとにそう思ったわ」とは、追《お》い詰《つ》められた状況《じょうきょう》を思《おも》い出《だ》すように、後々《あとあと》までしばしば口をついて出るむめおの口癖《くちぐせ》でした。

平塚《ひらつか》らいてうもこの問題を一九一六年に論文《ろんぶん》で発表しています。

女性《じょせい》自身で「産《う》む権利《けんり》、産《う》まない権利《けんり》」を獲得《かくとく》し、女性《じょせい》の人権《じんけん》を認《みと》めさせようというのが、むめおの産児調節《さんじちょうせつ》運動の悲壮《ひそう》なねがいでした。

産児調節《さんじちょうせつ》運動をするために、アメリカのサンガー夫人《ふじん》は一九二二年に来日《らいにち》しますが、この頃《ころ》の日本《にほん》はまだまだその土壌《どじょう》が育っていませんでした。政府《せいふ》もサンガー夫人《ふじん》の講演会《こうえんかい》を禁止《きんし》しました。そこでサンガー夫人《ふじん》は講演会《こうえんかい》を開くこともなくアメリカへ帰っていきました。

アメリカ留学中《りゅうがくちゅう》にサンガー夫人《ふじん》の影響《えいきょう》を受けた加藤《かとう》シヅエ（元石本男爵夫人《もといしもとだんしゃくふじん》、社会運動家。産児調節《さんじちょうせつ》運動を進める。のちに参議院議員《さんぎいんぎいん》）は帰国してすぐ、日本《にほん》で産児調節《さんじちょうせつ》運動を熱心《ねっしん》に進めたのですが、逮捕《たいほ》されたことさえあります。

婦人セツルメント開設の頃（昭和５年）

しかしその後《ご》、十年も経過《けいか》したころ、サンガー夫人《ふじん》が再々来日《さいさいらいにち》したときには、加藤《かとう》シヅエたちの尽力《じんりょく》で産児調節《さんじちょうせつ》運動の気運《きうん》が出始め、講演会《こうえんかい》、新聞、雑誌《ざっし》にも取り上げられて、この問題は世《よ》の中で注目されていきます。

一九三〇年（昭和《しょうわ》五年）、山高《やまたか》しげりと共《とも》に「産児制限相談所《さんじせいげんそうだんしょ》」が開設《かいせつ》され、翌年《よくねん》一九三一年（昭和《しょうわ》六年）には、馬島僴《まじまゆたか》（東京市嘱託《しょくたく》の医師《いし》）、安部磯雄《あべいそお》（早稲田《わせだ》大学教授《きょうじゅ》）、男爵《だんしゃく》・石本恵吉《いしもとけいきち》、静枝夫妻《しずえふさい》（この静枝《しずえ》は後《のち》の加藤《かとう》シヅエ）、らが日本産児調節連盟《にほんさんじちょうせつれんめい》を結成《けっせい》すると、早速《さっそく》、むめおはこの運動にも参加《さんか》します。

むめおは職業婦人社《しょくぎょうふじんしゃ》の仕事とセツルメントの仕事の他《ほか》に、もう一つ産児調節《さんじちょうせつ》運動にも熱中《ねっちゅう》し、忙《いそが》しく日本国中をめぐり講演《こうえん》をして歩きます。職業婦人社《しょくぎょうふじんしゃ》でも活動していた「産児調節部《さんじちょうせつぶ》」を、セツルメントの仕事にも導入《どうにゅう》することにしました。

この当時、一般《いっぱん》には産児調節《さんじちょうせつ》の気運が少しずつ広まってきてはいても、いかがわしい不衛生《ふえいせい》な器具《きぐ》や商品や薬を売る商人《しょうにん》はふえていました。医者《いしゃ》がもうけているという実情《じつじょう》も、裏《うら》の社会にひそかに広まっていました。

人づてに聞《き》く「産児調節《さんじちょうせつ》」の話や、雑誌類《ざっしるい》もありましたが、役所は本気で取り組んでいるとはむめおには思えない実情《じつじょう》です。まだこの街《まち》には産児調節《さんじちょうせつ》運動などは縁遠《えんどお》い話だったのです。

むめおはセツルメントを設置《せっち》するにあたり、この産児調節《さんじちょうせつ》の実践《じっせん》を進めるために人材《じんざい》をそろえます。

馬島僩《まじまゆたか》（東京市嘱託《とうきょうししょくたく》の医師《いし》）を顧問《こもん》として、中根《なかね》あき（助産師《じょさんし》）、広瀬《ひろせ》すみえ（労働《ろうどう》運動家の夫人《ふじん》、助産師《じょさんし》）をそろえて週《しゅう》に三日の相談日《そうだんび》を設《もう》けました。相談料《そうだんりょう》、器具《きぐ》、薬品などはとても安く、ときには無料《むりょう》にしたので、セツルメントの人や近隣《きんりん》の人々の他《ほか》、遠方からも相談《そうだん》に来る人たちもいます。この人たちは、涙《なみだ》を流して自分の窮状《きゅうじょう》を訴《うった》えるのでした。

いよいよ本所林町《ほんじょはやしちょう》のセツルメントに新しく「産児調節相談部《さんじちょうせつそうだんぶ》」ができると、今まで悩《なや》んでいたこの町のお母《かあ》さんたちは、毎日相談《そうだん》におしよせてきて、大変《たいへん》な忙《いそが》しさになりました。

セツルメントのピアノの前で

この時代、昭和《しょうわ》の大恐慌《だいきょうこう》、大凶作《だいきょうさく》によって世の中は不景気《ふけいき》で、母子心中《ぼししんじゅう》が後《あと》を絶《た》たない暗い社会事情《しゃかいじじょう》でした。「貧乏人《びんぼうにん》の子だくさん」といわれるように、貧《まず》しい人にこそ、産児《さんじ》調節《ちょうせつ》の知識《ちしき》が必要《ひつよう》なのでした。

むめおの講演会《こうえんかい》を聞《き》いた女性たちも、待ちかねていたように産児調節《さんじちょうせつ》の知識《ちしき》を求《もと》めて、どっと相談《そうだん》に訪《おとず》れ、手紙もどしどし送られてくるようになります。ことに遠い地方の人からの手紙は、たどたどしい文字で「もうこれ以上《いじょう》子どもが生まれたら飢《う》え死にするしかない」と必死《ひっし》に訴《うった》えていました。それはほんとうに貧《まず》しく、無学《むがく》で善良《ぜんりょう》な女性たちの切実な訴《うった》えでした。

こんなにも大勢《おおぜい》のお母《かあ》さんたちは苦しんでいたのかと、そのずっしりとした重い事実を目《ま》の当たりにして、むめおはますます胸《むね》を熱《あつ》くし、彼女《かのじょ》たちに励《はげ》まされて講演《こうえん》に出かけていきます。

しかしこの頃《ころ》はまだ、むめおの提案《ていあん》するような「産《う》む権利《けんり》、産《う》まない権利《けんり》」などと提唱《ていしょう》する人はだれもいませんでした。

むめおは産児調節《さんじちょうせつ》のほかに、本所林町《ほんじょはやしちょう》地域《ちいき》の生活全体の衛《えい》生指導《せいしどう》に力を入れ、一般《いっぱん》の健康《けんこう》問題にも目をむけていきます。子どもたちや地域《ちいき》の大人《おとな》たちの健康《けんこう》を考えて、偏食《へんしょく》、虫歯《むしば》、検便《けんべん》、身体測定《そくてい》など、医師《いし》の協力《きょうりょく》を得《え》て進めていきました。

この健康相談所《けんこうそうだんじょ》には安《やす》くて親切《しんせつ》なスタッフがいるという評判《ひょうばん》を聞《き》いて、林町《はやしちょう》のセツルメントからずっと離《はな》れた遠い地域《ちいき》からも大勢《おおぜい》集《あつ》まってきて、むめおたちを驚《おどろ》かせました。

## もう一つの新しい試練《しれん》

こうしてむめおの熱《あつ》い運動が続《つづ》けられていた矢先でした。

またしてもむめおに災難《さいなん》が降《ふ》りかかります。一九三八年（昭和《しょうわ》十三年）セツルメントに最大《さいだい》の困難《こんなん》な事態《じたい》が発生《はっせい》したのです。

もともとセツルメントを始めたころから古かった建物《たてもの》は、この当時《とうじ》、ますます老朽化《ろうきゅうか》してきていました。そこに、当時のお金《かね》で一万円準備《いちまんえんじゅんび》できないと、二百坪《つぼ》の土地の権利《けんり》を失《うしな》うことになる問題がおきたのです。

婦人セツルメントにて（昭和6年頃）

「そんな大金はどんなにがんばっても用意できるはずがないわ。もうこれでセツルメントもおしまいかしら」

むめおは落胆《らくたん》しました。

けれどもむめおは、この難問《なんもん》ぐらいでセツルメント経営《けいえい》をあきらめるわけにはいきません。夢《ゆめ》がすこしずつ実り始めていたときだけに、どんなに困難《こんなん》な状況《じょうきょう》においこまれても、必《かなら》ず継続《けいぞく》しなければならないと歯を食いしばりました。

しかも、どうせ苦労《くろう》するならセツルメントを今までよりも、もっと大きくしたいと、母《ぼ》子《し》ホームを併設《へいせつ》した建物《たてもの》の建設《けんせつ》を決心したのです。

それでもむめおは気の遠くなるような一万円という金額《きんがく》を集めなければなりません。

保育園《ほいくえん》の父母にも必死《ひっし》になって訴《うった》えました。

「セツルメントがなくなるかもしれないという瀬戸際《せとぎわ》だから、あなたたちも資金作《しきんづく》りに協力《きょうりょく》してください。

私はこれまで育ててきた大事なみなさんのセツルメントを、どうしても続《つづ》けたいのです。私も自分の持《も》っている知恵《ちえ》や体力や人脈《じんみゃく》を大切にしてがんばって働《はたら》きます。私は今まで以上《いじょう》に寄付《きふ》をお願《ねが》いに歩きます。工事の業者に掛《か》け合ったり、なんでも働《はたら》きます。幸いに体も健康《けんこう》です。お母《かあ》さんたちも無駄《むだ》づかいなどしないで協力《きょうりょく》してください」

保育園《ほいくえん》の父母たちも一所懸命《いっしょけんめい》になっていきました。ほんとに貧《まず》しい父母たちでしたが、「貧者《ひんじゃ》の一灯《いっとう》」を集めて協力《きょうりょく》してくれました。むめおも大口の寄付《きふ》をもらいに奔走《ほんそう》します。

血のにじむような闘《たたか》いで、苦しいことばかりの準備《じゅんび》期間でしたが、やっと、多くの人たちに助けられて、新しいセツルメントの建設契約《けんせつけいやく》をまとめることができました。

やがて、むめおも保育園《ほいくえん》の父母たちも、ともに苦しみを乗《の》り越《こ》えて、新しい母子《ぼし》ホームを併設《へいせつ》したセツルメントが完成《かんせい》しました。このときばかりはみんなで肩《かた》を抱《だ》きあって涙《なみだ》を流し喜《よろこ》びあいました。

保育室《ほいくしつ》、児童《じどう》の学習室、大ホール、事務室《じむしつ》、そして、二階には母子家庭用の部屋《へや》が十六室も完成《かんせい》しました。健康相談室《けんこうそうだんしつ》、ミシンやピアノなども、いつでも自由に使える新しい建《たて》

本所林町の婦人セツルメントの入口（改築後）

物《もの》でした。

これからは、お母《かあ》さんたちには助け合う仲間《なかま》がいて、相談《そうだん》に乗ってくれる人がいて、子どもをあずかってくれる人がいるのです。働《はたら》く生活に追《お》い詰《つ》められていた母子家庭の親子は、生活する部屋《へや》ができたことに大変《たいへん》な喜《よろこ》びようでした。

このようにむめおたちが母性保護連盟《ぼせいほごれんめい》をつくり、母子《ぼし》ホームをつくるなどの実績《じっせき》を積《つ》んで強力に運動した努力《どりょく》が、やがて実りました。この力は国を動かし一九三八年（昭和《しょうわ》十三年）母性保護法《ぼせいほごほう》が施行《しこう》されました。

むめおは、お母《かあ》さんたちがいそいそとセツルメントに通ってくる姿《すがた》や子どもたちの明るくなった笑《わら》い声を励《はげ》みにして、苦しみをくぐってきた日々を想《おも》います。

大変《たいへん》な無理《むり》を重ねて、少しずつセツルメントの形はできてきたのです。しかし、むめおはまだまだ満足できませんでした。温《あたた》め育ててきた夢《ゆめ》の実現《じつげん》への情熱《じょうねつ》は、さらに盛《も》り上がるばかりでした。

むめおは生活《せいかつ》向上のためにこの街《まち》の人々と助け合い、困難《こんなん》なことがおきるといつもむめおが一人で背負《せお》いながら、この後《のち》十五年の歳月《さいげつ》を、ずっと婦人《ふじん》セツルメント活動に邁進《まいしん》していきます。

一九三八年（昭和《しょうわ》十三年）、むめおは四十三歳になっていました。理想とした苦労《くろう》の絶《た》えない活動を地道に続《つづ》けてきた日々が報《むく》いられて、ほぼ軌道《きどう》にのってきた頃でした。日中戦争《にっちゅうせんそう》が始まり、日本は長い戦争時代《せんそうじだい》にはいります。その結果《けっか》、セツルメントにも、始めてから十五年後、断腸《だんちょう》の思《おも》いの悲しい結末《けつまつ》が訪《おとず》れました。

一九四四年（昭和《しょうわ》十九年）、心血を注いだこの大切なむめおの仕事は太平洋戦争《たいへいようせんそう》のために、やむなく閉鎖《へいさ》しなければならなくなります。

むめおが四十九歳《さい》の六月のことでした。

当時、空襲《くうしゅう》が激《はげ》しくなって、子どもたちが集団疎開《しゅうだんそかい》に行ってしまい、だれもセツルメントに通ってこなくなってしまったからでした。

また、セツルメントに併設《へいせつ》された母子ホームも、戦争《せんそう》で父や夫を失《うしな》った母子家庭のために、軍人遺族《いぞく》の母子ホームにさせられてしまいました。しかし、間もなくその母子《ぼし》もまた

藤村男爵がセツルメント卒業式を訪問（眼鏡の男性が男爵、その左が長男・杏一とむめお）

長野県《ながのけん》に疎開《そかい》します。

むめおたちは、涙《なみだ》を流しながら「ご苦労《くろう》さん」と言って「婦人《ふじん》セツルメント」の木の看板《かんばん》をはずします。

むめおは過《す》ぎ去《さ》った日々が、がらがらと音を立てて壊《こわ》れていくむなしさに、呆然《ぼうぜん》として、いつまでも看板《かんばん》の前に立ち尽《つ》くしていました。

## 思いがけない邂逅《かいこう》

その間《あいだ》、ほのぼのとする思いがけないこともありました。

あの藤村男爵《ふじむらだんしゃく》の来訪《らいほう》でした。むめおの書いたセツルメントについての文章を読んだと言って、藤村男爵《ふじむらだんしゃく》がセツルメントに訪《たず》ねてこられたのです。

思い返せば十三年も遡《さかのぼ》る感無量《かんむりょう》の再会《さいかい》でした。

女性解放《かいほう》運動のために働《はたら》いていた新婦人協会《しんふじんきょうかい》時代以来《いらい》です。「治安警察維持《ちあんけいさついじ》法第五条改正《ほうだいごじょうかいせい》」のために貴族院《きぞくいん》での法案通過《ほうあんつうか》に尽力《じんりょく》を頼《たの》みに、背中《せなか》に赤ん坊《ぼう》

をおんぶして陳情《ちんじょう》に行き、

「こんな赤ちゃん連《づ》れのお母《かあ》さんが、女性のために運動をしているとは驚《おどろ》いた」

と感動《かんどう》させられたことを、男爵《だんしゃく》は覚《おぼ》えていたのです。

一九三三年（昭和《しょうわ》八年）、東京朝日《とうきょうあさひ》新聞には、藤村男爵来訪《ふじむらだんしゃくらいほう》の記事と写真がのりました。あのとき赤ん坊《ぼう》だった長男、杏一《きょういち》はもう中学生になって男爵様《だんしゃくさま》と一緒《いっしょ》に写真に写《うつ》っています。

このことがあってから、その後永《ごなが》いこと、藤村男爵《ふじむらだんしゃく》はむめおの事業《じぎょう》に協力《きょうりょく》を続《つづ》けてくれました。このことにむめおはいつも感謝《かんしゃ》していました。

# 第六章　働《はたら》く婦人《ふじん》の家

## 働《はたら》く婦人《ふじん》の家、創設《そうせつ》の構想《こうそう》

むめおは、女性の生活を向上させたいと、長年、新婦人協会《しんふじんきょうかい》、職業婦人社《しょくぎょうふじんしゃ》、セツルメント、と次々活動を重ねてきましたが、仕事が軌道《きどう》に乗り始《はじ》めると、いつものように今回もまた、新しい構想《こうそう》が湧《わ》いてきました。

むめおのまわりには、熱意《ねつい》に溢《あふ》れた若《わか》い人たちが大勢《おおぜい》いるのに、この人たちはまだまだ満足《まんぞく》のいく暮《く》らしができていないのです。これをどうにかしてもっともっと豊《ゆた》かにしてあげたいと、その彼女《かのじょ》たちのために宿泊《しゅくはく》もでき勉強もできる「家」をつくろうと思い始めたのです。

一九二七年（昭和《しょうわ》二年）のこと。

当時、東京市谷本村町《とうきょういちがやほんむらちょう》の職業婦人社《しょくぎょうふじんしゃ》では雑誌《ざっし》発行のほか、習い事や勉強の企画《きかく》が進み、盛況《せいきょう》になると、事務所《じむしょ》だけでは手狭《てぜま》になってきていました。すると若《わか》い会員《かいいん》たちも、

「みんなの家がほしいわね。仲良《なかよ》く宿泊《しゅくはく》して共同炊事《きょうどうすいじ》やお風呂《ふろ》にも入りたいし、勉強もで

きる部屋がほしいわ。名前《なまえ》は『働《はたら》く婦人《ふじん》の家』というの」と、声を上げ始めたのです。その後《ご》、徐々《じょじょ》に新しい「みんなの家づくり」の夢《ゆめ》は膨《ふく》らみ「働《はたら》く婦人《ふじん》の家」が生《う》まれる原動力となりました。

この当時、若《わか》い娘《むすめ》たちだけでは、どんなに熱心《ねっしん》に計画してせっかく適当《てきとう》な家を見つけてきても、信用《しんよう》がなく、大家さんは貸《か》してはくれません。むめおは何とか手助けしたいと苦《く》慮《りょ》します。しかしあいにくその頃《ころ》、むめおは、消費組合《しょうひくみあい》の運動《うんどう》と、本所のセツルメントが始《はじ》まったばかりの頃《ころ》で、夜《よる》も昼《ひる》も資金集《しきんあつ》めと、経営《けいえい》に大変苦労《たいへんくろう》していた時期でした。

結局、むめおも若《わか》い会員たちも不本意《ふほんい》のまま、五年の歳月《さいげつ》が流れていきます。

そうしているうちに、地方では働《はたら》く女性《じょせい》たちが立ち上がり、「職業婦人社《しょくぎょうふじんしゃ》」の支部《しぶ》が全国に広がっていきます。

大阪《おおさか》に職業婦人社関西支部《しょくぎょうふじんしゃかんさいしぶ》の「ひまわり会」
福井支部《ふくいしぶ》「みゆき会」
名古屋支部《なごやしぶ》「葵《あおい》会」
京都支部《きょうとしぶ》「勤労婦人協会《きんろうふじんきょうかい》」

広島《ひろしま》支部《しぶ》「みのり会」
東京《とうきょう》の職業婦人社《しょくぎょうふじんしゃ》「千草会《ちぐさ》」

これらの支部《しぶ》では、それぞれ「働《はたら》く婦人《ふじん》の家」を持ちたいという会員は、足をすりへらして「家」を探《さが》しました。その努力《どりょく》が実《みの》って一九三四年（昭和《しょうわ》九年）に、大阪《おおさか》に、第一次ひまわり寮《りょう》が設立《せつりつ》されます。

これを聞いた他《た》の地方の女性《じょせい》たちは、勢《いきお》いを得《え》て次々に職業婦人社《しょくぎょうふじんしゃ》を生み、あわせて自分たちの「働《はたら》く婦人《ふじん》の家」もつくろうと熱心《ねっしん》に行動をおこしていきます。

この一番初めに発足《ほっそく》した「第一次大阪《おおさか》ひまわり寮《りょう》」は大阪《おおさか》の「職業婦人社関西支部《しょくぎょうふじんしゃかんさいしぶ》」の女性たちが、やっとつくりあげたもので、小さな家に六人が暮《く》らし始《はじ》めました。念願《ねんがん》の「家」ができたので、はりきって「大阪職業婦人社《おおさかしょくぎょうふじんしゃ》」の企画《きかく》を充実《じゅうじつ》させていきます。すると「ひまわり寮《りょう》」を使っての活動《かつどう》も盛《さか》んになり、講座《こうざ》や相談《そうだん》事業にも大勢《おおぜい》の女性たちが集《あつ》まってきました。そこで彼女《かのじょ》たちはもっと大きな家がほしいと探《さが》し始めます。

翌年《よくねん》、一九三五年（昭和《しょうわ》十年）になってようやく、四十四室《しつ》、の大きな家を探《さが》すことができました。ところが世間《せけん》はそれほど甘《あま》くはありません。若《わか》い彼女《かのじょ》たちがどれほど熱心《ねっしん》に日参《にっさん》して交渉《こうしょう》しても、「若《わか》いあなたたちだけでは信用《しんよう》できない」と家主《やぬし》に断《ことわ》られてしまいました。

急遽《きゅうきょ》、むめおが大阪《おおさか》へ行《い》き、大家さんの家へ何日も通って必死《ひっし》に頼《たの》み込《こ》み、やっと手に入れたのが七十人が住《す》むことができる大きな「職業婦人社大阪支部《しょくぎょうふじんしゃおおさかしぶ》第二次ひまわり寮《りょう》」でした。

この「ひまわり寮《りょう》」に宿泊《しゅくはく》したり勉強で利用《りよう》した職業《しょくぎょう》婦人《ふじん》たちの職業《しょくぎょう》は、タイピスト、事務員《じむいん》、市電の車掌《しゃしょう》、電話交換手《でんわこうかんしゅ》、役所や銀行の事務員《じむいん》、看護婦《かんごふ》、産婆《さんば》、保母《ほぼ》などで、その多《おお》くは地方《ちほう》から都会《とかい》へ出てきた人たちでした。

## 力強い協力者《きょうりょくしゃ》を得《え》て

東京では少しおくれて、その五年後《ごねんご》になってやっと、一九三五年（昭和《しょうわ》十年）四月十日《か》、市谷田町《いちがやたまち》に「東京働《はたら》く婦人《ふじん》の家」を誕生《たんじょう》させます。

しかし、この「東京働《はたら》く婦人《ふじん》の家」を手に入れるまでには、ここでも苦労《くろう》がありました。

若《わか》い娘《むすめ》たちが大きな家を探《さが》してきて、借用《しゃくよう》を申し込《こ》みましたが、やはり、「若《わか》いあなたたちだけでは信用《しんよう》ができない」と、この家主《やぬし》も相手にはしてくれませんでした。急遽《きゅうきょ》このときもむめおが出かけて行き、保証人《ほしょうにん》になり、さらに職業紹介所長《しょくぎょうしょうかいじょちょう》の糸井謹治《いといきんじ》の協力《きょうりょく》を得《え》て、やっと家を借《か》りることができました。

それは大きな二階家でしたので、大勢《おおぜい》で泊《と》まれる部屋《へや》がたくさんあり、浴室《よくしつ》も、共同《きょうどう》の炊事場《すいじば》も、洗濯場《せんたくば》もありました。彼女《かのじょ》たちは望《のぞ》みどおりの家を借《か》りられて、喜《よろこ》びもひとしおでした。

その「働《はたら》く婦人《ふじん》の家開《いえびら》きパーティ」には、社会事業《しゃかいじぎょう》の長老《ちょうろう》、相田良雄《あいだよしお》、三越《みつこし》本店の人事《じんじ》課長《かちょう》、加藤恭太郎《かとうきょうたろう》らが駆《か》けつけてくれ、華々《はなばな》しく祝《いわ》ってくれました。

むめおは彼女《かのじょ》らのこの燃《も》え上《あ》がる情熱《じょうねつ》に押《お》し上《あ》げられて、その後《ご》も、「働《はたら》く婦人《ふじん》の家」づくりの助力のために、大阪《おおさか》に、福井《ふくい》に、名古屋《なごや》に、京都《きょうと》に、広島《ひろしま》に足を運び、力のかぎり応援《おうえん》していきます。

また、むめおの友人、知人など、たくさんの人々を、各地《かくち》の「働《はたら》く婦人《ふじん》の家」に紹介《しょうかい》し、物心ともにたいへん世話になりました。

大阪《おおさか》では「大阪朝日新聞社《おおさかあさひしんぶんしゃ》」の恩田和子《おんだかずこ》、弁護士《べんごし》の古野周造《ふるのしゅうぞう》、「大原《おおはら》社会問題研究所」の大林宗嗣《おおばやしむねつぐ》。

東京《とうきょう》では、安田善次郎《やすだぜんじろう》（安田財閥《やすだざいばつ》、安田《やすだ》銀行設立《せつりつ》、東大安田講堂《とうだいやすだこうどう》、日比谷公会堂《ひびやこうかいどう》を寄付《きふ》）夫人《ふじん》の峰子《みねこ》が電話《でんわ》を引いてくれました。猪谷善一《いがやよしかず》（東京商大教授《とうきょうしょうだいきょうじゅ》）とその夫人妙子《ふじんたえこ》からは、豪華《ごうか》な花嫁衣裳《はなよめいしょう》一式の寄付《きふ》もありました。

新年会《しんねんかい》、懇親会《こんしんかい》、茶話会《さわかい》にはむめおの運動に共鳴《きょうめい》してくれた帝国《ていこく》ホテルの犬丸徹三《いぬまるてつぞう》の厚意《こうい》で大ホールを無料《むりょう》で貸《か》してくれました。みんなが集まるそのときには、紅茶《こうちゃ》の接待《せったい》もありましたので、会員たちはみんなおしゃれに着飾《きかざ》っていそいそと出かけたものでした。

講座《こうざ》の講師《こうし》にはむめおの友人、後援者《こうえんしゃ》たちが「働《はたら》く婦人《ふじん》の家」を支《ささ》えて引き受けてくれました。

社会問題《しゃかいもんだい》は安部磯雄《あべいそお》（社会運動家、早稲田《わせだ》大学教授《きょうじゅ》、代議士《だいぎし》）社会事業の長老、相田良雄《あいだよしお》、料理《りょうり》は料理《りょうり》研究家の沢崎梅子《さわざきうめこ》、音楽はスターリン賞の受賞者で声楽家の関鑑子《せきあきこ》、洋裁《ようさい》は菅谷《すがや》きよ、文子《ふみこ》、文学は今井邦子《いまいくにこ》、生田花世《いくたはなよ》たちでした。

また、嬉《うれ》しいことに、平凡社《へいぼんしゃ》の下中弥三郎《しもなかやさぶろう》が「働《はたら》く婦人《ふじん》の家」宣伝《せんでん》のチラシを五万枚作って配布《はいふ》してくれたおかげで、「働《はたら》く婦人《ふじん》の家」の利用会員《りようかいいん》は延《の》べ一七〇〇人に膨《ふく》らんでいきました。

## 「働《はたら》く婦人《ふじん》の家」の活動

この「働《はたら》く婦人《ふじん》の家」は毎日毎晩《まいにちまいばん》開放して、定期的《ていきてき》に、洋裁《ようさい》、和裁《わさい》、料理《りょうり》、英語《えいご》、書道《しょどう》、そろばん、和文速記、社会問題や実用的《じつようてき》な勉強、習い事の講習会《こうしゅうかい》や研究会を開いていました。就職相談《しゅうしょくそうだん》、健康相談《けんこうそうだん》、結婚相談《けっこんそうだん》などの窓口《まどぐち》もつくりました。

講座《こうざ》や講習会《こうしゅうかい》が盛況《せいきょう》になると、むめおはさらに夢《ゆめ》をふくらませて、もっと新しい講座《こうざ》もほしくなっていきました。考えた結果《けっか》、料理講習《りょうりこうしゅう》は東京《とうきょう》ガス会社の銀座《ぎんざ》、新宿支店《しんじゅくしてん》を借《か》り、音楽はピアノ店を借《か》り、体操《たいそう》は幼稚園《ようちえん》でと、ますます充実《じゅうじつ》させていきました。

仕事帰りの女性たちで、夜の講座《こうざ》もにぎやかな笑《わら》い声があふれていきます。

「働《はたら》く婦人《ふじん》の家」はおたがいに助け合い、励《はげ》ましあい、相談《そうだん》しあって自主的に運営す

東京働く婦人の家の洋裁教室（昭和11年頃）

る。すなわち、みんなが利用者であり、経営者《けいえいしゃ》である。という精神《せいしん》で社会と結《むす》びつく。

これがむめおのセツルメントや社会事業の理想《りそう》です。

しかしこうして事業が大きくなると、またまた資金《しきん》が足りなくなってきます。会員《かいいん》たちの自主運営ですから、彼女《かのじょ》たちは何とかお金を集めようと考えましたがいい知恵《ちえ》が浮《う》かびません。むめおに相談《そうだん》します。

むめおは、松竹歌劇団《しょうちくかげきだん》や新劇《しんげき》の総見《そうけん》をしようと発案《はつあん》します。彼女《かのじょ》たちがみんな一所懸命《いっしょけんめい》になって切符《きっぷ》を売り、会場を借《か》り切って、「働《はたら》く婦人《ふじん》の家」の運営《うんえい》資金《しきん》を作りました。楽しく美しい舞台《ぶたい》は、大変《たいへん》な好評《こうひょう》で売り上げは上々《じょうじょう》でした。

夏には海の家を借《か》り、ひと夏をみんなで楽しみました。その年の夏の参加者《さんかしゃ》は七三〇人にものぼり、みんなで驚《おどろ》いたり喜《よろこ》んだりしたものでした。

職業婦人社《しょくぎょうふじんしゃ》、セツルメント、「働《はたら》く婦人《ふじん》の家」で忙《いそが》しくしていたちょうどその同《おな》じ頃《ころ》に、むめおにまた新しい仕事が加《くわ》わりました。報知《ほうち》新聞社に依頼《いらい》されて「身の上相談《そうだん》」の欄《らん》を担当《たんとう》することになったのです。

## 身の上相談《そうだん》

引き受けてみると相談内容《そうだんないよう》は、やはり思っていたとおりで、人々は職業婦人社《しょくぎょうふじんしゃ》やセツルメントの人たちと同じ悩《おななや》みを訴《うった》えてきたのでした。男女問題、夫婦《ふうふ》の問題、男性の不貞《ふてい》、昔からの封建的《ほうけんてき》な習慣《しゅうかん》、人間扱《あつか》いされない使用人、貧困《ひんこん》などでした。

むめおはその報知《ほうち》新聞紙上で彼女《かのじょ》たちを激励《げきれい》します。

「あなたたちは運命に従順《じゅうじゅん》過《す》ぎます。この運命に立ち向かう勇気《ゆうき》と知恵《ちえ》をもちましょう。苦しいときは空を見上げて深呼吸《しんこきゅう》しましょう」

地方から出てきた娘《むすめ》たちには、都会《とかい》で働《はたら》く熾烈《しれつ》さに耐《た》えられるか、しっかりとした意思を確《たし》かめたうえで、熱意《ねつい》のある人には新しい職場《しょくば》をさがし、学校にも通わせます。ときには説得《せっとく》して故郷《こきょう》へ帰らせました。

それもかなわない深い事情のある人にはセツルメントで働《はたら》いてもらい、またはむめおの家に住《す》まわせました。こうして親身な世話をうけてタイピストになり、助産師《じょさんし》になり、結《けっ》婚《こん》の世話も受けた人たちは大勢《おおぜい》います。

# 第七章　戦時中《せんじちゅう》、そして戦後《せんご》

## 戦時中《せんじちゅう》の国内では

こうしてやっとむめおの構想《こうそう》が実を結《むす》び、整いだしてきた頃《ころ》、世《よ》の中はぐんぐん戦時色《せんじしょく》を深《ふか》めていきます。

一九三一年（昭和六年《しょうわ》）以来《いらい》、日本では、めらめらと燃《も》える火のごとく戦火《せんか》が勢《いきお》いを増《ま》していきます。戦争《せんそう》のために、昭和《しょうわ》二十年までのこの十四年間の月日《つきひ》は、男性を戦場《せんじょう》に出征兵士《しゅっせいへいし》として送《おく》り、国内《こくない》に残《のこ》された女性と子どもたちは、じわじわと苦しく貧《まず》しい生活へと追い込《こ》まれていきました。

国の命令《めいれい》で女性も働《はたら》け働《はたら》けといわれ、専業主婦《せんぎょうしゅふ》だった人たちも働《はたら》かされますが女性の働《はたら》く条件《じょうけん》はみじめなものでした。女性はただ間に合わせに使《つか》われているのが実情《じつじょう》でした。

職場《しょくば》では女性の定年は三十歳《さい》。結婚《けっこん》したり、出産《しゅっさん》すれば退職《たいしょく》しなければなりません。さらに、「女性は家庭《かてい》に帰れ」とまでいわれ、夫となった男性もまた共稼《ともかせ》ぎを嫌《いや》がるのです。

ところが戦争がはげしくなり男性が兵隊《へいたい》に行ってしまうと、人手不足《ひとでぶそく》をおぎなうために、代わりに働《はたら》く女性が必要《ひつよう》になってきました。彼女《かのじょ》たちは昼も夜も休みなく兵器《へいき》などを作らされます。労働条件《ろうどうじょうけん》はきびしく、過労《かろう》で体をこわす人たちが続出《ぞくしゅつ》しました。

厚生省《こうせいしょう》では女性のために「労務《ろうむ》動員計画」をつくりました。一九三九年（昭和《しょうわ》十四年）、むめおはこのとき「労務管理調査委員《ろうむかんりちょうさいいん》」に就任《しゅうにん》を命じられます。

厚生省《こうせいしょう》の表向きの施策《しさく》には工場法《こうじょうほう》というものがあって、産前産後《さんぜんさんご》の休暇《きゅうか》があることになってはいましたが、大きな会社や大工場だけが法《ほう》を守り、小さな職場《しょくば》で働《はたら》く女性《じょせい》たちには保護規定《ほごきてい》はありません。

むめおは決心をして、すべての「働《はたら》く婦人《ふじん》」に産前産後《さんぜんさんご》の休暇《きゅうか》を与《あた》える保護規定《ほごきてい》を定め、託児所《たくじしょ》をつくらせることに力を尽《つ》くしました。

まもなくの、一九四〇年（昭和《しょうわ》十五年）三月、むめおたち労務管理調査委員会《ろうむかんりちょうさいいんかい》は女子労《ろう》働者保護《どうしゃほご》答申を書き上げて、厚生省《こうせいしょう》に提出《ていしゅつ》すると、やっと一九四三年（昭和《しょうわ》十八年）になって、重要《じゅうよう》事業場労務管理令《ろうむかんりれい》により、二百名以上《いじょう》の女子従業者《じゅうぎょうしゃ》使用の事業場には、乳幼児保育《にゅうようじほいく》の施設《しせつ》が設《もう》けられることになりました。

女性へのあまりに劣悪《れつあく》な労働条件《ろうどうじょうけん》を目の当《ま》たりにして、むめおは、企業主《きぎょうぬし》や政府《せいふ》、そして女性たちに向かって警告《けいこく》を発します。これが、一九四一年（昭和《しょうわ》十六年）「花ある職場《しょくば》へ」という著書《ちょしょ》です。

戦争《せんそう》が激《はげ》しくなると、生活の合理化、社会化を進めるために、労働条件《ろうどうじょうけん》が保護《ほご》されていきむめおの夢《ゆめ》が現実化《げんじつか》していきます。働《はたら》く女性のための共同託児所《きょうどうたくじしょ》や共同炊事実施組合《きょうどうすいじじっし》ができていきました。むめおが、どんなに要請《ようせい》してもかなわなかった、働《はたら》く女性の労働条《ろうどうじょう》件《けん》が戦争《せんそう》の影響《えいきょう》によって実現《じつげん》したのです。

この年に隣組《となりぐみ》の組織《そしき》が作られます。結局《けっきょく》地域《ちいき》のつながりを国がつくったのでした。

## 「婦人《ふじん》運動」の廃刊《はいかん》

じわじわと戦時色《せんじしょく》が濃《こ》くなり暗《くら》い時代になっていきましたが、またまたむめおを打ちのめすほど悲痛な、忘《わす》れることができない日がせまってきていました。

警視庁検閲課《けいしちょうけんえつか》の命令《めいれい》で、時局に合わない出版物《しゅっぱんぶつ》は廃刊《はいかん》するように通達《つうたつ》が出されました。五十ほどの婦人雑誌《ふじんざっし》、業界紙などが対象《たいしょう》となりました。

むめおは、精魂《せいこん》こめて育ててきた、大事な「職業婦人社《しょくぎょうふじんしゃ》」をどうしても手放すことができません。心あたりの人に雑誌《ざっし》を引き継《つ》いでもらいたいと相談《そうだん》しますが、条件《じょうけん》が整わず「婦人《ふじん》運動」の存続《そんぞく》が困難《こんなん》になります。

一九四一年（昭和《しょうわ》十六年）七月十九日。とうとうその日、苦渋《くじゅう》の決断《けつだん》をして、むめお自《じ》身《しん》がひそかに廃刊を決意します。そして考えたあげく、この雑誌《ざっし》発行の権利《けんり》を、一九四一年（昭和《しょうわ》十六年）八月十五日に宇野千代《うのちよ》（作家）に譲《ゆず》りました。

この戦争《せんそう》でむめおは、命を賭《か》けて積《つ》み重《かさ》ねてきた事業を、またもう一つ失《うしな》うことになってしまったのです。

職業婦人社《しょくぎょうふじんしゃ》の機関紙《きかんし》は、「職業婦人《しょくぎょうふじん》」「婦人《ふじん》と労働《ろうどう》」「婦人《ふじん》運動」と名称《めいしょう》を変《か》えながら、苦境《くきょう》にあえぎつつ、続《つづ》けてきた雑誌《ざっし》でした。一九二三年（大正《たいしょう》十二年）六月一日、二十八歳《さい》の日からずっと、一九四一年（昭和《しょうわ》十六年）八月十五日、四十六歳《さい》で手放すまでのむめおの宝物《たからもの》「職業婦人社」の労作《ろうさく》でした。

それだけにこの廃刊《はいかん》の日、八月十五日は、むめおにとって、言い尽《つ》くせない哀《かな》しみと落《らく》胆《たん》で胸《むね》がうずく夜となりました。むめおは新婦人協会《しんふじんきょうかい》の「女性同盟《どうめい》」以来《いらい》、機関紙《きかんし》に関《かか》わった二十二年を振《ふ》り返《かえ》ります。

四十六歳《さい》の今日の日まで、涙《なみだ》と苦しみとあふれる情熱《じょうねつ》を注《そそ》ぎ込《こ》んできた、過《す》ぎ越《こ》した日々が、古いアルバムをめくるように胸《むね》に迫《せま》り涙《なみだ》が止まりませんでした。

それにつけても、この仕事を通していかに多くの人々に、経済的《けいざいてき》にも助けてもらい、知《ち》恵《え》をもらったことでしょう。同時に多くの友人、知人、読者に恵《めぐ》まれたことに、改《あらた》めて感《かん》謝《しゃ》したのでした。

むめおの回想は切なく広がります。長男、杏一《きょういち》が生まれたとき、

「お祝《いわ》いを、あげよう」

といって、大杉栄《おおすぎさかえ》（社会運動家）からフランス製《せい》の乳母車《うばぐるま》をもらいました。その立派《りっぱ》な黒い漆塗《うるしぬ》りの乳母車《うばぐるま》には一度も赤ん坊《ぼう》は乗りませんでした。杏一《きょういち》はむめおの背中《せなか》にくくりつけられ、毎月、発行される職業婦人社《しょくぎょうふじんしゃ》の機関紙《きかんし》が乗りました。

事務員《じむいん》を雇《やと》うお金がない職業婦人社《しょくぎょうふじんしゃ》では、印刷所《いんさつじょ》から刷《す》り上がってきた機関紙《きかんし》を発送

するために、むめおが一人で雑誌《ざっし》を封筒《ふうとう》に入れ一人で糊《のり》をつけ、封《ふう》をして風呂敷《ふろしき》に包《つつ》み、一人で黒塗《くろぬ》りの豪華《ごうか》なフランス製《せい》の乳母車《うばぐるま》に積《つ》み込《こ》み、一人で巣鴨《すがも》の郵便局《ゆうびんきょく》へ押《お》していきました。

凍《こご》えるような師走《しわす》の街《まち》を、あかぎれで血のにじむ足を引きずって、とぼとぼと郵便局《ゆうびんきょく》へ歩くとき、「職業婦人《しょくぎょうふじん》」の熱烈《ねつれつ》な読者たちが、この機関紙《きかんし》を心待ちにし、むめおを後押《あとお》ししてくれていることを思うと、つらい思いよりも、支《ささ》えられている喜《よろこ》びのほうが大きかったのでした。

夜更《よふ》けに一人、機関紙《きかんし》の原稿《げんこう》を書いているとき、むめおの膝元《ひざもと》には、いつも二人の子どもがマントにくるまって寝《ね》ていました。

思いを巡《めぐ》らすむめおには、その夜に聞いた除夜《じょや》の鐘《かね》の音までもが空耳のように今、響《ひび》いてくるのでした。途切《とぎ》れることなく、思い出は走馬灯《そうまとう》のように目まぐるしくむめおの脳裏《のうり》をかけめぐりました。

これまでむめおは、「働《はたら》く婦人《ふじん》の家」「セツルメント」「機関紙《きかんし》、職業婦人《しょくぎょうふじん》」そして家庭内では、子育てと、四つの仕事を続《つづ》けてきました。見かねた心ある人たちは、むめおに再三《さいさん》ならず忠告《ちゅうこく》をしてくれました。

「どれか一本にしぼって仕事をしなさい」

けれどもむめおは、すべての仕事に愛着《あいちゃく》が深く、そのどれをも捨《す》てることはできません。

「婦人《ふじん》運動」の廃刊届《はいかんとど》けに印《いん》をおしたとき、むめおは決心を新たに固《かた》めました。

『これからは身を投じて働《はたら》く婦人《ふじん》のために仁《じん》となせよ』

この言葉をむめおは「自身に言い聞かせ、自らを励《はげ》ました」と言っています。

戦争《せんそう》が激《はげ》しくなると「産《う》めよ殖《ふ》やせよ」と国からの号令《ごうれい》がかかり、セツルメントの「産《さん》児調節部《じちょうせつぶ》」も廃止《はいし》させられてしまいました。

こんな時代だからこそ、産児調節《さんじちょうせつ》が必要《ひつよう》なのだと、むめおは強く抗議《こうぎ》をしたのでしたが、国の強い政策《せいさく》に負けてとうとうかなわずこれも失《うしな》ってしまいました。

## 「たかね道場」

むめおの市ヶ谷《いちがや》の借家《しゃくや》も強制疎開《きょうせいそかい》で壊《こわ》されてしまい、職業婦人社《しょくぎょうふじんしゃ》の機関紙《きかんし》「婦人《ふじん》運動」も失《うしな》ってしまったので、一九四二年（昭和《しょうわ》十七年）、世田谷《せたがや》区上野毛《かみのげ》に広い土地を借《か》りました。そこに安田峰子《やすだみねこ》にもらった家を移《うつ》し建《た》てました。アメリカの農家のような造《つく》りの、大きくて丈夫《じょうぶ》な立派《りっぱ》な家でした。

安田峰子《やすだみねこ》は安田財閥《やすだざいばつ》といわれた安田《やすだ》銀行の創始者《そうししゃ》で、のちに、東大《とうだい》の安田講堂《やすだこうどう》や、日比《ひび》谷公会堂《やこうかいどう》などを寄贈《きぞう》した、安田善次郎《やすだぜんじろう》の夫人《ふじん》です。裕福《ゆうふく》な安田峰子《やすだみねこ》は、セツルメント時代から、またその後々《のちのち》までも終生むめおの仕事には温かい援助《えんじょ》を続《つづ》けてくれ、むめおにとっては大切なありがたい存在《そんざい》の人でした。

上野毛《かみのげ》の家には「たかね道場」と名前《なまえ》をつけました。

その家は、戦災《せんさい》で焼《や》け出《だ》されてきた人や強制疎開《きょうせいそかい》で家を壊《こわ》された人たちに使ってもらう、ちょうど良《よ》い家になりました。むめおはこうして逃《に》げてきた人たちのために、古くともきれいに洗《あら》った下駄《げた》と足袋《たび》をいつも余分《よぶん》に用意しておいたのでした。

食糧不足《しょくりょうぶそく》がひどくなったので、広い土地を利用《りよう》して畑をつくりましたが、素人《しろうと》の農業は失敗《しっぱい》ばかりでした。しかし友人の純真学園《じゅんしんがくえん》の横野教師《よこのきょうし》に畑仕事を指導《しどう》してもらって、徐々《じょじょ》にカボチャやさつまいもや蕎麦《そば》をつくることができるようになりました。

まだ本所《ほんじょ》にあったセツルメントの子どもたちは、電車を乗り継《つ》いで「たかね道場」へやってきました。広々とした畑と多摩川《たまがわ》の河原《かわら》で思いっ切りのびのびと遊び、おなかいっぱいサツマイモを食べて帰っていきました。

しかし、まもなくセツルメントの子どもたちは、集団疎開《しゅうだんそかい》に行ってしまい「たかね道場」を訪《おとず》れる子どもはいなくなっていきました。

すると、その後、連日《れんじつ》のように日本国中《にほんこくじゅう》、アメリカの空襲《くうしゅう》を受けるようになりました。

一九四五年（昭和《しょうわ》二十年）三月、東京大空襲《とうきょうだいくうしゅう》で十万人が焼死《しょうし》したその日、とうとうむめおの大事な「東京働《とうきょうはたら》く婦人《ふじん》の家」と「大阪働《おおさかはたら》く婦人《ふじん》の家」がともに焼《や》けてしまい、むめおは情熱《じょうねつ》を注いだ仕事のすべてを失《うしな》ってしまいます。もうこれまでにも、むめおの仕事と夢《ゆめ》は次々と壊《こわ》されてきましたが、とうとうこれですべてがおしまいになりました。この落《らく》胆《たん》は激《はげ》しくむめおをさいなみます。

むめおだけでなく、人々すべてが、やり場のない悲しみと怒《いか》りのむなしい日々を送っていたのが、戦時中《せんじちゅう》という時代でした。

## 敗戦《はいせん》　新《あら》たな出発《しゅっぱつ》

こうしているうちに、一九四五年（昭和《しょうわ》二十年）三月十日、東京《とうきょう》の大空襲《だいくうしゅう》、さらに、広《ひろ》島《しま》には八月六日、長崎《ながさき》には九日に新型《しんがた》の恐《おそ》ろしい原子爆弾《ばくだん》が投下され、国民《こくみん》は悲惨《ひさん》な事態《じたい》に追い込《こ》まれていきました。

日本はアメリカ、イギリス、フランス、オランダ、オーストラリア、中国の連合国《れんごうこく》と戦《たたか》いましたが、八月六日、広島《ひろしま》に原子爆弾《ばくだん》が落とされると、八月八日、急にソビエトも宣戦《せんせん》を布告《ふこく》してきます。

こんなにたくさんの連合軍《れんごうぐん》と日本だけとではかなうわけがありません。昭和二十年八月十五日、日本は敗戦の日を迎えます。日本は戦争に負けたのです。

戦時中《せんじちゅう》は男性が戦場《せんじょう》に行って働《はたら》き手がなかったために無理《むり》やり働《はたら》かされていた女性たちは、職場を追われます。

どんどん戦地《せんち》から男性たちが帰ってきたことと、空襲《くうしゅう》で工場や会社が焼失《しょうしつ》したため、人員整理されたり、外地から引き揚《あ》げてきた男性たちに女性の働《はたら》き場所が奪《うば》われて女性は失業《しつぎょう》していきます。

むめおは、再《ふたた》び働《はたら》く女性のための活動をすることはもうないだろうと観念《かんねん》しました。戦後《せんご》しばらくの間、世田谷《せたがや》の上野毛《かみのげ》の「たかね道場」に引きこもることにします。なれない農業に四苦八苦して、死に物狂《ぐる》いで真っ黒になって働《はたら》きました。にわとり、あひる、蚕《かいこ》も飼《か》いました。

それらはまた、思いがけず、むめおにささやかなしあわせをもたらします。家族としみじみと顔を合わせて暮《く》らせる心の温《ぬく》もる日々でもあったのです。

## 生活協同《きょうどう》組合の復活《ふっかつ》

悪夢《あくむ》のような戦争《せんそう》は終わりました。終わったといっても負けた戦争《せんそう》は国民《こくみん》からすべてを奪《うば》いました。着るものも住むところも焼《や》けてしまい、そして一番大切な食《た》べるものも乏《とぼ》しい毎日の生活は、人々を混乱《こんらん》させ苦しさにあえがせました。物資《ぶっし》は闇市《やみいち》では高価《こうか》で売られていましたが、庶民《しょみん》にはとても手が届《とど》きません。食料《しょくりょう》の配給《はいきゅう》も名ばかりでした。味《あじ》のないお湯のようなどろどろとした、米粒《こめつぶ》が浮《う》かんでいる雑炊《ぞうすい》の配給《はいきゅう》を受けるのに、長い行列ができ、それを受け入れるほかはありません。

ところが、ここで立ち上がったのが戦前《せんぜん》、戦中《せんちゅう》の消費《しょうひ》組合で活動していた人たちでした。日を追うごとに次々と新しい組合が生まれていきます。

この年、戦後《せんご》二ヶ月が過《す》ぎた十月になると、中野《なかの》に大和町生協《やまとちょうせいきょう》、杉並《すぎなみ》に久我山生協《くがやませいきょう》ができました。また、十二月には、むめおも参加《さんか》していた、新居格《にいいたる》が大正《たいしょう》十四年から設立《せつりつ》していた西郊《せいこう》生活協同《きょうどう》組合が再《ふたた》び復活《ふっかつ》したのでした。

こうして生協《せいきょう》運動が活発になってくると、むめおは「上野毛《かみのげ》のたかね道場」などに引きこもっていられるはずはありません。

大正《たいしょう》十四年十月以来《いらい》、二十年あまり力を注いで活動してきた生協《せいきょう》への想《おも》いが、むめおの胸《むね》に熱《あつ》く燃《も》え上がります。むめおは世田谷《せたがや》の上野毛地区《かみのげちく》で声をあげました。

「みんなで力を合わせて生協《せいきょう》をつくりましょう」

主婦《しゅふ》たちは集まりました。食料《しょくりょう》も衣服《いふく》もなくて困窮《こんきゅう》していたのですから、すぐに団結《だんけつ》して世田谷上野毛生協《せたがやかみのげせいきょう》が発足《ほっそく》したのでした。運動は勢《いきお》いを増《ま》して全国に広がります。

十一月十八日、東京《とうきょう》、新橋駅前《しんばしえきまえ》の蔵前《くらまえ》工業会館で、全国組織《そしき》の日本協同《きょうどう》組合同盟《どうめい》の創立《そうりつ》大会を催《もよお》しました。いよいよ発足《ほっそく》すると、有馬頼寧《ありまよりやす》、千石興太郎《せんごくこうたろう》、志立鉄次郎《しだちてつじろう》、賀川豊彦《かがわとよひこ》等《など》が音頭《おんど》をとり、賀川豊彦《かがわとよひこ》を会長《かいちょう》に、奥《おく》むめお、新居格《にいいたる》、岡本利吉《おかもとりきち》が常任委員《じょうにんいいん》に推《お》されました。いずれも戦前《せんぜん》の消費《しょうひ》組合で苦労《くろう》をともにした人々でした。

もともとは消費《しょうひ》組合といっていたものを「生活協同《きょうどう》組合」と変《か》えた名づけ親《おや》は山本秋《やまもとあき》でした。「消費《しょうひ》も、生産《せいさん》も、生活もすべての協同《きょうどう》組合をめざしていこう」という意味がここにあります。

むめおは、後《のち》に国会議員《こっかいぎいん》になってからも、生活協同《きょうどう》組合のために並々《なみなみ》ならぬ尽力《じんりょく》をします。

一九四八年(昭和《しょうわ》二十三年)、消費《しょうひ》生活協同《きょうどう》組合法制定《ほうせいてい》のためには、地方の協同《きょうどう》組合員や大勢《おおぜい》の陳情者《ちんじょうしゃ》を大臣《だいじん》や各政党《かくせいとう》の控《ひか》え室《しつ》に引き連《つ》れて行き、消費《しょうひ》生活協同《きょうどう》組合法制《ほうせい》定《てい》の説明《せつめい》や協力《きょうりょく》を依頼《いらい》するために、昼も夜も忙《いそが》しく働《はたら》きました。

七月二十三日には消費《しょうひ》生活協同《きょうどう》組合法《ほう》が国会を通過《つうか》して、祝賀会《しゅくがかい》が開かれましたが、「奥《おく》むめおさんと赤松常子《あかまつつねこ》さんがこの生協法《せいきょうほう》のお産婆《さんば》さんです」と、紹介《しょうかい》されました。

一九五一年(昭和《しょうわ》二十六年)には日本生活協同《きょうどう》組合連合会《れんごうかい》が結成《けっせい》され、むめおは副会《ふくかい》長《ちょう》になります。一九二五年(大正《たいしょう》十四年)から中野《なかの》の西郊《せいこう》生活協同《きょうどう》組合への参加以来《さんかいらい》ずっと主婦連合会《しゅふれんごうかい》をつくり、その後《ご》も活動《かつどう》を続《つづ》けてきたむめおは、この後終生《のちしゅうせい》、生活協《きょう》同《どう》組合のために力《ちから》を注《そそ》ぎ続《つづ》けることになります。

# 最後《さいご》の一人になっても

昔《むかし》に比《くら》べれば恵《めぐ》まれたこの現代《げんだい》でも、女性が仕事を持つことは困難《こんなん》なことです。しかし、むめおが働《はたら》いていた大正《たいしょう》時代、昭和《しょうわ》の初期はこのような職業婦人《しょくぎょうふじん》はさらに、少ない存在《そんざい》でした。

その頃に、家庭を持ち、子どもを育てながら、事業を運営し、さらにもう一つ、女性運動も進めていたむめおは、どれほどきびしい苦難《くなん》をあじわったことでしょう。むめおはここまでたどってきた半生を振《ふ》り返って、自伝『野火《のび》あかあかと』のなかでこのことを切々と吐露《とろ》しています。

むめおは乏《とぼ》しい資金も底をついて仕事ができなくなりそうになったとき、運動が難《むずか》しい暗礁《あんしょう》に乗り上げたとき、人間関係がぎしぎししてきたとき、そのどれにも耐《た》えて乗り越《こ》えてきました。

次々にかぶさってくる困難《こうなん》に遭遇《そうぐう》しても、それを背負《せお》って責任《せきにん》を果たし、解決《かいけつ》に努力《どりょく》し

「最後《さいご》の一人《ひとり》になっても遂行《すいこう》しよう」と悲壮《ひそう》な覚悟《かくご》でたちむかいました。

セツルメントの場合もそうです。職業婦人社《しょくぎょうふじんしゃ》の六人の仲間《なかま》たちも次第《しだい》に去っていき、最後《さいご》はむめおが一人で、責任《せきにん》を引き受けて、仕事を遂行《すいこう》してきました。

しかし、どんなときにも、むめおには立派《りっぱ》な仕事であるという自負《じふ》があり、誇《ほこ》りを失うことはありませんでした。

# 第八章　第一回参《さん》議《ぎ》院《いん》議《ぎ》員《いん》選《せん》挙《きょ》

## 新しい日本国憲法《にほんこくけんぽう》の公布《こうふ》

ここで、むめおが活動してきた日本の婦人参政権《ふじんさんせいけん》や、日本女性の地位《ちい》向上のために、貢献《こうけん》した、一人の若《わか》い女性の陰《かげ》の力があったことも、特筆《とくひつ》したいと思います。

それはベアテ・シロタ・ゴードンです。ウクライナ系《けい》ユダヤ人で、オーストリア国籍《こくせき》をもち、のちにアメリカ国籍《こくせき》となった人です。

二〇〇五年につくった映画《えいが》「ベアテの贈《おく》り物」、そしてベアテの自伝「一九四五年のクリスマス」で、最近《さいきん》になって一般《いっぱん》に広く知られることとなったのがこのベアテです。

ベアテはリストの再来《さいらい》と謳《うた》われたピアニストの父、レオ・シロタが山田耕筰《やまだこうさく》の招聘《しょうへい》を受けて、東京《とうきょう》音楽学校、今の東京芸術《げいじゅつ》大学へ赴任《ふにん》するため家族で来日します。ベアテは日本で育ちますが十五歳《さい》で留学《りゅうがく》のためにアメリカへ渡《わた》ります。まもなく日米《にちべい》は戦争《せんそう》になり、ベアテはアメリカから日本に帰ることができなくなります。

東京で別《わか》れた両親と再会《さいかい》したいと願《ねが》ったベアテは、必死《ひっし》に、日本へ帰る方法《ほうほう》をさがします。ちょうどその頃、日本を占領《せんりょう》したアメリカのＧＨＱ（連合国軍総司令部《れんごうこくぐんそうしれいぶ》）では日本の新しい憲法《けんぽう》をつくるために、日本のことを良く知っている人で、英語《えいご》と日本語に堪能《たんのう》な人を探《さが》していました。

日本で育ったベアテは、すぐさま応募《おうぼ》し、運よく採用《さいよう》されて、ＧＨＱの民生局《みんせいきょく》憲法草案《けんぽうそうあん》制定会議《せいていかいぎ》の草案委員《そうあんいいん》となりました。ベアテは二十二歳《さい》になっていました。一九四五年十二月二十四日、クリスマス・イブに再来日《さいらいにち》します。このときの印象《いんしょう》を「一九四五年のクリスマス」という本に書いています。

敗戦《はいせん》した日本はその頃《ころ》ＧＨＱの命令《めいれい》を受けて、大日本帝国憲法《だいにっぽんていこくけんぽう》（明治憲法《めいじけんぽう》）を書き換《か》える会議《かいぎ》がはじまります。ここにＧＨＱの憲法草案《けんぽうそうあん》が持ち込まれ、三週間で書き換《か》えられたとのうわさがあり、不眠不休《ふみんふきゅう》の大仕事だったようです。この草案《そうあん》づくりにベアテは大きく関《かか》わりました。

ベアテは幼《おさな》い頃《ころ》から日本の家族生活を見たり聞いたりしていましたし、習慣《しゅうかん》や風習を知っていました。また、彼女《かのじょ》の優《すぐ》れたところは、日本語の複雑《ふくざつ》なニュアンスをよく理解《りかい》していたことでした。彼女《かのじょ》は日本の女性が閉鎖的《へいさてき》な中に暮《く》らし、自由がなく、男性社会《しゃかい》にしいたげられているのを知っていましたので、このままの不自由《ふじゆう》な女性の立場を自由に解放《かいほう》したいと考えます。

ベアテの担当《たんとう》は社会保障《ほしょう》と女性の権利《けんり》についての条項《じょうこう》でした。

そこで、ベアテも関《かか》わって、GHQの憲法草案《けんぽうそうあん》をつくる際《さい》に、日本女性の権利《けんり》と個人《こじん》の尊厳《そんげん》と、男女の平等《びょうどう》を謳《うた》った草案《そうあん》をつくり上げます。すると、日本には似合《にあ》わないとの理《り》由《ゆう》で、日本政府《せいふ》は強行《きょうこう》に反対《はんたい》しました。けれどもベアテの考え方を認《みと》めて推奨《すいしょう》したGHQの説得《せっとく》により、ベアテの草案《そうあん》が通ります。これは現行《げんこう》の日本国憲法《こくけんぽう》の十四条と二十四条の下敷《したじ》きとなる憲法《けんぽう》の草案《そうあん》でした。

これは女性の人権《じんけん》に関《かか》わる項目《こうもく》ですが、ここでは女性《じょせい》の権利《けんり》を認《みと》め、家族生活における個人《こじん》の尊厳《そんげん》と、男性《だんせい》も女性《じょせい》も、法律的《ほうりつてき》にも社会的《しゃかいてき》にも平等《びょうどう》であることを謳《うた》っています。配《はい》偶者《ぐうしゃ》の選択《せんたく》、財産権《ざいさんけん》、相続権《そうぞくけん》、住居《じゅうきょ》の選択《せんたく》、婚姻及《こんいんおよ》び家庭に関《かん》して、個人《こじん》の尊厳《そんげん》を認《みと》めるという憲法草案《けんぽうそうあん》でした。

こんなことがあって、むめおたちが新婦人協会《しんふじんきょうかい》で朝に晩《ばん》に足をすり減《へ》らして議員《ぎいん》たちに陳情《ちんじょう》を繰《く》り返《かえ》しても手に入れることができなかった、あの、婦人参政権《ふじんさんせいけん》が思いがけなく与《あた》えられたのでした。

女性は政治《せいじ》の話を聞きに行くことさえ許《ゆる》されなかった権利《けんり》が、思いもかけず、このとき、はらりと日本女性の手許《てもと》に降《ふ》ってきたのです。

むめおは戦争《せんそう》に負けて与《あた》えられたという、なんとも皮肉《ひにく》な現実《げんじつ》に、戸惑《とまど》い、喜《よろこ》び、複雑《ふくざつ》な思いで女性の権利《けんり》への道のりの長かった二十七年を振《ふ》り返ります。

一九四五年（昭和《しょうわ》二十年）十二月十五日。この日、衆議院議員選挙法改正案《しゅうぎいんぎいんせんきょほうかいせいあん》が国会を通過し婦人参政権《ふじんさんせいけん》が与《あた》えられました。


一九四六年（昭和《しょうわ》二十一年）三月六日、マッカーサー草案《そうあん》ともいわれているＧＨＱの草《そう》案《あん》をもとに憲法改正草案《けんぽうかいせいそうあん》ができあがります。この中の女性の権利《けんり》に関《かか》わる部分にはベアテが篤《あつ》く貢献《こうけん》しているのです。

これにともなって一九四六年（昭和《しょうわ》二十一年）四月十日、改正《かいせい》された憲法《けんぽう》のもと、戦後《せんご》第一回の衆議院議員選挙《せんきょ》が行われることになります。このとき、加藤《かとう》シヅエ等、三十九人の女性議員《ぎいん》がはじめて誕生《たんじょう》します。

むめおも、この衆《しゅう》議院議員選挙《ぎいんぎいんせんきょ》に立候補《りっこうほ》するように知人たちに勧《すす》められましたが、ことわります。理由は、この同じ頃《ころ》、国民協同党《こくみんきょうどうとう》が結成《けっせい》され、むめおは婦人部長《ふじんぶちょう》に推《お》されていたことにありました。

むめおは若《わか》かった頃の、一九二五年（大正《たいしょう》十四年）以来《いらい》、働《はたら》いてきた、新居格《にいいたる》との協《きょう》同《どう》組合運動に深い愛着《あいちゃく》がありこれからも国民協同党《こくみんきょうどうとう》のために働《はたら》く決心をしていました。ですから、国会議員《こっかいぎいん》になって権力《けんりょく》を振《ふ》り回すことは、むめおのプライドが許《ゆる》しませんでした。

こうして同年十一月三日、新憲法《しんけんぽう》が公布《こうふ》され、翌年《よくねん》の一九四七年（昭和《しょうわ》二十二年）五月三日、新しい日本国憲法《こくけんぽう》が施行《しこう》されました。ここにはじめて、男女平等《びょうどう》が明記されることになります。

## 第一回参議院議員選挙《さんぎいんぎいんせんきょ》に立候補《りっこうほ》する

明治憲法下《めいじけんぽうか》の帝国議会《ていこくぎかい》には、二院制《にいんせい》の貴族院《きぞくいん》と衆《しゅう》議院《ぎいん》がありましたが、ＧＨＱの意向で貴族《きぞく》の身分が剥奪《はくだつ》されたので貴族院《きぞくいん》が参議院《さんぎいん》となります。一九四七年（昭和《しょうわ》二十二年）、四月二十日、第一回、六年任期《にんき》の参議院議員選挙《さんぎいんぎいんせんきょ》が行われることになりました。

むめおには友人や知人たちから、このときもまた、再三《さいさん》にわたり立候補《りっこうほ》の熱心《ねっしん》な勧《すす》めがありました。さらに、協同《きょうどう》組合の運動を進めるためにも立候補してほしい、と、国民協同《こくみんきょうどう》党党首《とうとうしゅ》、三木武夫《みきたけお》の勧《すす》めもあり、新居格《にいいいたる》が杉並区議《すぎなみくぎ》に、むめおは参議院《さんぎいん》の全国区に、国民《こくみん》協同党《きょうどうとう》から立候補《りっこうほ》を決断《けつだん》します。これ以後《いご》、むめおは三回の選挙《せんきょ》を戦《たたか》い、十八年の参議院《さんぎいん》議員《ぎいん》を勤《つと》めることになります。

一九四七年（昭和《しょうわ》二十二年）の一度目、第一回参議院議員選挙《さんぎいんぎいんせんきょ》のとき、とにも当選した婦人議員《ふじんぎいん》はわずか十人しかいませんでした。このときのむめおにとって第一回目の得票《とくひょう》は十九万五千八百五十五票《ひょう》。五十二歳《さい》のときでした。

支《ささ》えてくれた全国の女性たちの熱《あつ》い想《おも》いが結集《けっしゅう》してのありがたい票《ひょう》の重みを、むめおはひしひしと身に感じて、

「これからは女性たちの代弁者《だいべんしゃ》として働《はたら》こう」

と、自身に言い聞かせました。

二度目は、第三回参議院議員選挙《さんぎいんぎいんせんきょ》。一九五三年（昭和《しょうわ》二十八年）のとき、むめおは五十八歳《さい》で当選します。得票《とくひょう》は二十二万三千七百四十九票《ひょう》でした。

三度目は、第五回参議院議員選挙《さんぎいんぎいんせんきょ》。一九五九年（昭和《しょうわ》三十四年）。むめおは六十四歳《さい》になっていました。得票《とくひょう》は六十万九千四百三十七票《ひょう》。全国区候補者《こうほしゃ》の中で第七位の高得票《こうとくひょう》でした。

## 選挙《せんきょ》運動のスローガン

一九四七年（昭和《しょうわ》二十二年）四月の第一回参議院議員選挙《さんぎいんぎいんせんきょ》のときのことです。立候補《りっこうほ》の届《とど》け出をして「さあ、これから、選挙《せんきょ》運動だ」と張《は》り切ったのですが、むめおは選挙《せんきょ》のことは何もわかりません。周《まわ》りを見てただ驚《おどろ》き、まごつくことばかりでした。

何より、割《わ》り当てられた選挙《せんきょ》運動用の公営《こうえい》ハガキを出す相手がなかったのです。セツルメント時代や、職業《しょくぎょう》婦人社《ふじんしゃ》や、働《はたら》く婦人《ふじん》の家などの、たくさんの人々の名簿《めいぼ》は戦災《せんさい》で焼《や》けて失《うしな》っていました。そのうえ、選挙資金《せんきょしきん》も乏《とぼ》しく、男性の候補者《こうほしゃ》と事情《じじょう》が違《ちが》っていまし

選挙カー（第２回目の選挙）
（1953（昭和28）年）

たから、出おくれます。

驚《おどろ》いたことに、他《ほか》の候補者《こうほしゃ》たちは、よく響《ひび》くスピーカーを持ち、大きくにぎやかな飾《かざ》りの付《つ》いた選挙《せんきょ》カーで、宣伝《せんでん》してまわります。候補者《こうほしゃ》の名前が書かれたポスターも立派《りっぱ》です。

それにくらべて、むめおの選挙《せんきょ》運動はあまりにもささやかでした。桃太郎《ももたろう》さんのような、のぼり旗《ばた》をもって街角《まちかど》に立ち、長女の紀伊《きい》とセツルメントにいた森《もり》青年とむめおの三人がメガホンで叫《さけ》びます。しかし、街《まち》の騒音《そうおん》にむめおの声はかき消されていきます。

しばらくたってから、やっと手に入れたスピーカーを乳母車《うばぐるま》に積《つ》んで、演説《えんぜつ》をして歩くようになりました。

選挙《せんきょ》運動のスローガンは、主婦《しゅふ》の「おくさん」とむめおの苗字《みょうじ》である「奥《おく》」とを結《むす》びつけて使《つか》ったらどうかと長男の杏一《きょういち》が考えてくれました。

「奥《おく》さんを国会へ」「台所と政治《せいじ》を結《むす》ぼう」

というこのスローガンを書いたのぼり旗《ばた》をかかげて、三人でぽつんと街頭《がいとう》に立ち、演説《えんぜつ》をする、なんともわびしい選挙《せんきょ》運動でした。

ライバル候補《こうほ》の立派《りっぱ》な選挙《せんきょ》カーが眼前《がんぜん》を通り過《す》ぎていくとき、

「奥《おく》むめおさんのご健闘《けんとう》を祈《いの》ります」

とスピーカーから大きな声をかけられたこともありました。また、商店街《しょうてんがい》で演説《えんぜつ》をしていると、買い物籠《かご》をさげ男の子をつれたお母《かあ》さんに、

「がんばってください。応援《おうえん》してますよ」

と声をかけられました。心細い選挙《せんきょ》活動の最中《さいちゅう》にも、ささやかなこんな声を聞くことこそが、むめおへの一番うれしい応援《おうえん》でした。

むめおは全国区候補者《こうほしゃ》ですから、こうして日本国中《にほんこくじゅう》、大阪《おおさか》、京都《きょうと》、九州《きゅうしゅう》、北海道《ほっかいどう》と各《かく》地《ち》を、暮《く》らしの向上のために国会で働《はたら》く決意を訴《うった》えて、声をからし街頭演説《がいとうえんぜつ》をして歩いていきます。そのうちに驚《おどろ》くことがおきました。

あちらこちらの昔の友人や生活協同《きょうどう》組合の人たち、働《はたら》く婦人《ふじん》の家に関《かか》わった人たち、ありがたい協力者《きょうりょくしゃ》が、全国各地《かくち》でわきあがるように共鳴者《きょうめいしゃ》をふやし、運動を進めてくれ

ていったのです。

故郷《こきょう》の福井《ふくい》高等女学校の同窓生《どうそうせい》たちも、

「奥《おく》むめおさんを郷土《きょうど》の女性の代表として、初《はじ》めての女性国会議員《ぎいん》に出しましょう」

と県《けん》をあげて、熱《あつ》い熱《あつ》い応援《おうえん》をして、むめおを励《はげ》ましてくれました。

多くの有権者《ゆうけんしゃ》の純粋《じゅんすい》な賛同《さんどう》を集めて、さらにみんな手弁当《てべんとう》で働《はたら》いてくれ、とにかく、きれいな選挙《せんきょ》運動をすることができました。

三回目の選挙《せんきょ》で六十万九千四百三十七票《ひょう》をもらったときには、驚《おどろ》くと同時に、全国の有《ゆう》権者《けんしゃ》に深く感謝《かんしゃ》し、ますます生活を守るための「台所と政治《せいじ》を結《むす》ぼう」のスローガンを貫《つらぬ》く決心を固《かた》めていきます。

女性を守り向上を願《ねが》った若《わか》い日から三十年近く、寝食《しんしょく》を忘《わす》れて働《はたら》いてきたむめおへの期待が、選挙《せんきょ》を重ねるごとに高まっていったのでしょう。

# 初《はじ》めての議員活動《ぎいんかつどう》

議会《ぎかい》の中では、これまで長いこと保守《ほしゅ》の自由党《じゆうとう》が大勢《おおぜい》、当選してきていました。しかし、敗戦《はいせん》を経験《けいけん》した人々は、戦後《せんご》に初《はつ》の選挙《せんきょ》を迎《むか》えると、自由を求《もと》め新《あたら》しい政治《せいじ》を期待して投《とう》票《ひょう》しました。

このとき、社会党《しゃかいとう》、民主党《みんしゅとう》、国民協同党《こくみんきょうどうとう》の三党連立内閣《さんとうれんりつないかく》が誕生《たんじょう》することとなります。第一党である社会党《しゃかいとう》の党首《とうしゅ》、片山哲《かたやまてつ》が首相《しゅそう》になりました。

むめおは、予想もしなかった与党議員《よとうぎいん》となったわけです。

しかし、このことはむめおの本心とは相容《あいい》れないところがあり、国民協同党《こくみんきょうどうとう》から一人《ひとり》離《はな》れて緑風会《りょくふうかい》へうつります。参議院《さんぎいん》の存在意義《そんざいいぎ》は衆議院《しゅうぎいん》とは異《こと》なり、無所属《むしょぞく》で中立であるべきだと考えたからでした。

緑風会《りょくふうかい》は、名《な》づけ親の山本有三《やまもとゆうぞう》（作家、参議院議員《さんぎいんぎいん》）が「虹《にじ》の色の中間色である緑はさわやかな風を送るという意味があり、どちらにもかたよらない中立で、利害関係《りがいかんけい》を持たない、大臣《だいじん》を出さない」という純粋《じゅんすい》な政治《せいじ》をめざしていました。この自由に発言し、活躍《かつやく》できる緑風会《りょくふうかい》は、むめおにとってありがたい会派《かいは》でした。ここに所属《しょぞく》していたおかげで、むめおは、自由に発言し行動を起こすことができました。後々《のちのち》暮らしを守る運動の、主婦連《しゅふれん》合会《ごうかい》の活動も思う存分《ぞんぶん》働《はたら》かせてもらったと感謝《かんしゃ》しています。

2回目の参議院議員選挙運動（昭和28年）

さて、一九四七年（昭和《しょうわ》二十二年）五月二十日に話をもどしましょう。この日、貴族院《きぞくいん》から代わった第一回の参議院議員《さんぎいんぎいん》として召集《しょうしゅう》されて、むめおは国会議事堂《ぎじどう》へ登院します。むめおの車は車回しを滑《すべ》り込《こ》み、正面玄関《げんかん》から国会議事堂《ぎじどう》へ到着《とうちゃく》しました。正面玄関《げんかん》には議員《ぎいん》の名札《なふだ》がずらりと並《なら》ぶ掲示板《けいじばん》があります。むめおの名前が書いてある真新しい木の名札《なふだ》を登院のしるしに裏返《うらがえ》します。むめおは、このとき初《はじ》めて参議院議《さんぎいんぎ》員《いん》となった実感が身にしみます。

さらに、むめおは赤い絨緞《じゅうたん》を踏《ふ》みしめたとき、感慨《かんがい》ひとしおなものがありました。

議事堂《ぎじどう》の太い大理石の柱群《はしらぐん》は重々《おもおも》しく底冷《そこび》えのする景色《けしき》でした。長い廊下《ろうか》に敷《し》き詰《つ》められた赤いじゅうたんは、日ざしも届《とど》かず、年代を思わせるかすかなカビのような香《かお》りがただよい、なおいっそう威圧的《いあつてき》に続《つづ》いていました。

初登院《はつ》して間もなくのある日、秘書《ひしょ》となった長男、杏一《きょういち》とむめおは、院内のこの赤じゅうたんを歩いていると、一人《ひとり》の年配の衛視《えいし》に呼《よ》び止められました。

「奥《おく》先生が昔、陳情《ちんじょう》に坊《ぼっ》ちゃんを連《つ》れていらしたとき、私《わたし》がお守《も》りをしてあげたことが、再三《さいさん》あったのですよ」

平塚《ひらつか》らいてう、市川房枝《いちかわふさえ》らと、治安警察維持法第五条改正運動《ちあんけいさついじほうだいごじょうかいせいうんどう》に奔走《ほんそう》していた若《わか》き日には、議員《ぎいん》としてこの赤い絨緞《じゅうたん》を踏《ふ》むことになろうとは全く思いもよりませんでした。長男、杏一《きょういち》を背中《せなか》に、ねんねこ姿《すがた》で陳情《ちんじょう》に走ったこの赤いじゅうたんに立ち、あの日の思いが複雑《ふくざつ》に胸《むね》をよぎります。

いよいよ議員《ぎいん》としての本番の仕事が始まりました。しかし慣《な》れない議員《ぎいん》活動は、またまた困惑《こんわく》することばかりでした。

むめお自身が、常任委員会《じょうにんいいんかい》である農林委員会《のうりんいいんかい》、厚生委員会《こうせいいいんかい》、通産委員会《つうさんいいんかい》、商工委員会《しょうこういいんかい》などに入らなければ、全国の女性たちから選挙《せんきょ》でもらった、たくさんの票《ひょう》のために主婦《しゅふ》たちの声を代表して国会で戦《たたか》えません。

ところが、十七の常任委員会《じょうにんいいんかい》のうち、むめおにとってどうしても委員《いいん》になりたいこれらの委員会《いいんかい》は、男性の議員《ぎいん》の、しかも各業界《かくぎょうかい》の代表者に抑《おさ》えられていて、むめおの入り込《こ》む余地《よち》はまったくありませんでした。

常任委員会《じょうにんいいんかい》とは、本会議《ほんかいぎ》に提出《ていしゅつ》する法案《ほうあん》を予備的《よびてき》に審査《しんさ》、討論《とうろん》する場です。ですからむめおはこの場でしっかりと意見や主張《しゅちょう》を伝《つた》えたかったのでした。

ある日、やっと発言の機会《きかい》が与《あた》えられたのですが、むめおが女性であることで、男性議員《ぎいん》たちのきたないヤジがとび、委員会《いいんかい》では暮《く》らしの問題などには耳《みみ》を傾《かたむ》けてはくれませんでした。発言しても違和感《いわかん》さえ感じられる淋《さび》しいものでした。

新婦人協会《しんふじんきょうかい》時代に議場《ぎじょう》の傍聴席《ぼうちょうせき》で受けた屈辱《くつじょく》の、あの昔と少しも変《か》わってはいないことに、むめおは腹立《はらだ》たしさをおぼえていました。こんな有様《ありさま》で議会《ぎかい》で発言する機会《きかい》もなく、ますます気をもんで、いらだちは大きく膨《ふく》らんでいくばかりでした。

しかし、むめおは新米議員《しんまいぎいん》といえども、全国の主婦《しゅふ》たちの二十万票《ぴょう》を背負《せお》っています。

だまって引っ込《こ》んでいるわけにはいきません。消費者《しょうひしゃ》として、主婦《しゅふ》として、女性としての声をどのようにしたら議会《ぎかい》に持ち込《こ》めるかを思案《しあん》します。

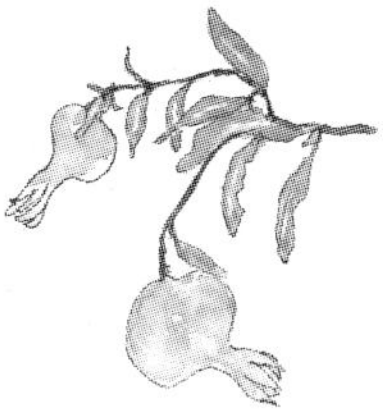

# 第九章　主《しゅ》婦《ふ》連《れん》合《ごう》会《かい》結《けっ》成《せい》へ

## 主婦《しゅふ》大会が各地《かくち》に広がる

日本が戦争《せんそう》に負《ま》けそうになった頃には、アメリカの飛行機からは毎晩爆弾《まいばんばくだん》が街中に落とされ大火事になっていました。この空襲《くうしゅう》の目標になるのを恐《おそ》れて家々では電球に黒い布をかぶせてふるえていたのでした。

一九四五年（昭和《しょうわ》二十年）八月十五日、日本は連合国軍に負《ま》けてしまいましたが、人々はこの暗闇《くらやみ》におびえる空襲《くうしゅう》もなくなり、日々の暮《く》らしはわずかながら以前の落ち着きを取り戻《もど》しつつありました。

しかし、暮《く》らしのほうは相変《あいか》わらず国からの粗悪《そあく》な配給品《はいきゅうひん》に泣《な》かされていたのです。品《ひん》質《しっ》が悪《わる》く、すぐに破《やぶ》れてしまうシャツや、火がつかない、燃《も》えないマッチなどが配給《はいきゅう》されて、主婦《しゅふ》たちはみんなたいへん怒《おこ》っていました。

国会議員になっても参議院内《さんぎいんない》では新米議員《しんまいぎいん》のむめおにはまったく発言の場が与《あた》えられま

“不良マッチ退治主婦大会”大風呂敷で不良マッチを持ち込む主婦たち（1948年）

せん。主婦《しゅふ》たちの声援《せいえん》を背中《せなか》に背負《せお》って、ジタバタとひとり相撲《ずもう》を取っているようないらだちの毎日でした。

むめおは模索《もさく》していました。

「このまま、院内活動ができずに、発言のチャンスを待っていたのでは駄目《だめ》だ。方法《ほうほう》を変《か》えよう。暮《く》らしを支《ささ》えている一人一人の主婦《しゅふ》たちの声をまとめて大きなうねりをつくり政《せい》治《じ》の場につなぎたい」

こうしてむめおが悩《なや》んでいた頃《ころ》、大阪《おおさか》の主婦《しゅふ》の会が「牛肉不買《ふばい》運動」をおこして、牛肉のヤミの値段《ねだん》を引き下げることに成功《せいこう》していました。

これを糸口にして各地《かくち》の婦人団体《ふじんだんたい》が集まって物価《ぶっか》の適正化《てきせいか》に立ちあがります。すると、その同《おな》じ頃《ころ》、物価庁《ぶっかちょう》からむめおは頼《たの》まれます。

「配給制度《はいきゅうせいど》の悪《わる》い点は改《あらた》めるから、主婦《しゅふ》のほんとうの声を聞きだしてほしい。公定価格《かかく》を主婦《しゅふ》たちによく知らせてヤミ物資《ぶっし》は買わないように指《し》導《どう》してほしい」

戦後間《せんごま》もないこの頃《ころ》は、苦しい物不足《ものぶそく》で主婦《しゅふ》の朝の仕事はマッチをすって竈《かまど》に火をおこすことから始まります。配給《はいきゅう》のマッチは五本も六本も無駄《むだ》になり、火はつかず毎朝、主婦《しゅふ》たちを困《こま》らせていました。

ヤミ市《いち》ではすぐに火がつく上等《じょうとう》のマッチがたくさん売られていましたが、そのマッチは高価《こうか》なため、家庭で毎日使うことはとてもできないことでした。主婦《しゅふ》たちはため息《いき》をつきながらヤミ市の立派《りっぱ》なマッチ箱を横目でにらんで通り過《す》ぎるだけでした。

この主婦《しゅふ》たちの不満《ふまん》がたまりにたまり、いつのまにか、怒《おこ》った主婦《しゅふ》たちの輪《わ》がどんどん大きくなって、とうとう、「不良《ふりょう》マッチを退治《たいじ》しよう」と立ちあがります。

むめおは火がつかないマッチを集《あつ》めて商工省《しょうこうしょう》（今の通産省《つうさんしょう》）日用品課《にちようひんか》に出かけていき、堂々《どうどう》と宣言《せんげん》します。

「私たちは、不良《ふりょう》マッチ追放大会を開きます。その場に不良《ふりょう》マッチの製造《せいぞう》業者を列席《れっせき》させてください。粗悪品《そあくひん》をつくらない約束《やくそく》をさせたいのです」

すると商工省《しょうこうしょう》（今《いま》の通産省《つうさんしょう》）の答えは意外なものでした。

「メーカーには十分な材料《ざいりょう》を与《あた》えているが、上等品をヤミに流《なが》し粗悪品《そあくひん》を売っているので困《こま》っている。あなたたちに協力《きょうりょく》しましょう」

そこでむめおは主婦《しゅふ》たちに呼《よ》びかけました。

「燃《も》えないマッチを持ちよる大会を開きます。配給《はいきゅう》の燃《も》えないマッチを持ってきてください。燃《も》える上等《じょうとう》マッチと取り替《か》えさせましょう」

一九四八年（昭和《しょうわ》二十三年）九月三日。いよいよ不良《ふりょう》マッチ追放大会の日が来ました。

この日の「燃《も》えないマッチ追放大会」には、社会事業会館を会場として、たくさんの女性たちが集まりました。

新日本婦人連盟《ふじんれんめい》、婦人《ふじん》民主クラブ、ＹＭＣＡ、日本キリスト教婦人矯風会《ふじんきょうふうかい》、日本協同組合同盟婦人対策部《どうめいふじんたいさくぶ》、東京都地域婦人団体協議会《とうきょうとちいきふじんだんたいきょうぎかい》等々の団体《だんたい》の人たちのほか、一般《いっぱん》の人々も参集《さんしゅう》して大変《たいへん》な賑《にぎ》わいになりました。

会場入り口に集まった人々がみんな燃《も》えないマッチを持って待っていますと、業者が、上等品のマッチを二台《にだい》のトラックに山積《やまづ》みにしてあらわれました。主婦《しゅふ》たちの持ちよった不良《ふりょう》マッチは驚《おどろ》くほどの勢《いきお》いで、その上等のマッチと取り替《か》えられていき、足りないくらいの大混乱《だいこんらん》でした。

会場ホールの壇上《だんじょう》には、商工省《しょうこうしょう》の指示《しじ》で集まった十二社のマッチ業者が、主婦《しゅふ》たちの激《はげ》しい質問《しつもん》や苦情《くじょう》を浴《あ》びて、ひらあやまりにあやまりました。この風景《ふうけい》を新聞社や、雑誌《ざっし》社《しゃ》、カメラやラジオが取材《しゅざい》していき、日本中に報道《ほうどう》され、一大《いちだい》センセーションがおきます。

この後《のち》、不良《ふりょう》マッチの配給《はいきゅう》は取りやめになりました。

## 自然《しぜん》発生的に主婦《しゅふ》大会がはじまる

これを契機《けいき》にむめおは街角《まちかど》にビラをはり、

「生活の不満《ふまん》を語り合いましょう。駅前に集まってください」

と、トラックに乗って朝から夜暗《くら》くなるまで叫《さけ》びつづけました。すると、今まで引っ込《こ》み思案《じあん》だった主婦《しゅふ》たちは、いつのまにか、駅前で、公園で、お寺で、教会で、自然《しぜん》に集まって主婦《しゅふ》大会を開くようになります。それはいつも超満員《ちょうまんいん》の大会となり熱い活動となっていきました。

その次には「物価《ぶっか》引き下げ運動全国主婦総奮起《ぜんこくしゅふそうふんき》大会」が開かれます。会場となった日比《ひび》

団結への呼びかけ。自由が丘駅前（昭和23年）

谷公会堂《やこうかいどう》や共立講堂《きょうりつこうどう》に集まった人たちは、ぐるりと、二重に、三重に会場を取り巻《ま》いて入場を待ち、その勢《いきお》いの激《はげ》しいこと、むめおたちは感動に身震《みぶる》いするほどでした。

この頃を思い出して、後《のち》にむめおは書いています。

「あたかも枯《か》れ野《の》に火が燃《も》え広がるような勢《いきお》いで、次々と質問《しつもん》の声があがっていき、すさまじい勢《いきお》いでした」

隣の奥さんがあのお母さんが、エプロンをかけたままで集まってきて始まったこの、主《しゅ》婦《ふ》大会会場でのむめおの第一声は、いつもこの言葉から始まります。

「さあ、みなさん、日頃《ごろ》から思っていること、暮《く》らしの不平不満《ふへいふまん》を出し合いましょう」

そしてこの会場にはむめおの発案《はつあん》で、必《かなら》ず、通産省《つうさんしょう》、食糧庁《しょくりょうちょう》、物価庁《ぶっかちょう》の人たちがきました。衣料《いりょう》、野菜《やさい》、魚、米などの配給所《はいきゅうじょ》の係の役人です。いつも必《かなら》ず二名ずつ出席《しゅっせき》することを役所に約束《やくそく》させました。

そこで主婦《しゅふ》たちは係官《かかりかん》に、日頃《ごろ》の不満《ふまん》を爆発《ばくはつ》させて厳《きび》しい抗《こう》議《ぎ》や質問《しつもん》を浴《あ》びせかけます。すると若《わか》い係官《かかりかん》はベテラン主婦にとても太刀打《たちう》ちできず、いつもたじたじする有様《ありさま》でした。当然《とうぜん》のことながら、生活を背負《せお》っているこの主婦《しゅふ》たちにかなうはずもありません。

「一度洗《あら》ったらシャツがこんなに小さくなってしまいました。あなた、着られますか？」

発言はいつまでもきりがありませんでした。主婦《しゅふ》大会が終わると主婦《しゅふ》たちは明るく晴《は》れ晴《ば》れとして、

「発言して楽しかったわね。また、主婦《しゅふ》大会をしましょう」

と日頃《ごろ》の不満《ふまん》を吐露《とろ》して、意気揚々《ようよう》と家へ帰って行きました。

「燃《も》えないマッチだけでなく、私《わたし》たちの生活を守るため、お米や牛乳《ぎゅうにゅう》、ジャガイモや衣《い》料品《りょうひん》、日用品《にちようひん》の不満《ふまん》を話し合いましょう」

とむめおはいつも呼《よ》びかけていました。すると主婦《しゅふ》たちは叫《さけ》びました。

「ガス、電力、木炭の配給《はいきゅう》を増《ふ》やしてください。風呂屋《ふろや》の値段《ねだん》をあげないでください。牛《ぎゅう》肉《にく》の値段《ねだん》をあげないでください」

むめおはこのような熱気《ねっき》のこもった主婦《しゅふ》大会の各地《かくち》会場を一日に十一回もまわっては話し合いを進めたこともありました。

当然《とうぜん》のことながら、この状況《じょうきょう》を日々見せつけられて、業者や役所は苦々《にがにが》しい思いでいた

物価値上げ反対で６婦人団体がデモ。国会で各党代表に要望書を渡す（1961年）

ようです。しかし、アメリカの進駐軍《しんちゅうぐん》GHQからは「女性が自由に発言し活動をしていることはたいへん良《よ》いことだ」とほめられました。

## 主婦連合会誕生《しゅふれんごうかいたんじょう》

各地《かくち》にできたこのような活動は、東京《とうきょう》だけでなく、地方にも広がっていきます。主婦《しゅふ》大会に集まった主婦《しゅふ》たちは、地域《ちいき》でそれぞれの「主婦《しゅふ》の会」「婦人《ふじん》会」をつくっていきます。主婦《しゅふ》たちの意識《いしき》はどんどん高まり、それらの会どうしの横のつながりをもちたいという気運があがってきました。

むめおは、一九四八年（昭和《しょうわ》二十三年）九月十五日、横の連携《れんけい》を密《みつ》にして盛《さか》んな活動をしたいと「主婦《しゅふ》の会運動発起人会《ほっきにんかい》」を開きます。そこで話し合いがまとまり、投票《とうひょう》の結果《けっか》、「主婦連合会《しゅふれんごうかい》」と命名されます。

このとき、むめおは主婦連合会《しゅふれんごうかい》会長に推《お》されます。燃《も》えあがる全国の主《しゅ》婦《ふ》たちの熱意《ねつい》とむめおのめざす団結《だんけつ》が実《みの》ったこの日、むめお五十三歳《さい》の秋をむかえていました。

はじめは個人《こじん》の主婦《しゅふ》が一人、二人とそれぞれに参加《さんか》し、だんだんに集まって主婦《しゅふ》の会のグループができ、勢《いきお》いづいた女性《じょせい》たちは、主婦《しゅふ》大会を開き、いつのまにかまとまって主婦《しゅふ》連合会《れんごうかい》という大きな強い会に成長《せいちょう》していたのでした。

さて、発足《ほっそく》はしたものの、このたくさんの地域《ちいき》のグループの婦人会《ふじんかい》の、連絡《れんらく》を取り合う拠点《きょてん》の事務所《じむしょ》がありません。そこでまず、事務所《じむしょ》さがしから仕事は始まったのです。

とりあえず、虎ノ門《とらのもん》にある物価調査会《ぶっかちょうさかい》の部屋《へや》の隅《すみ》に机《つくえ》と電話だけの事務所《じむしょ》ができました。しかし熱《あつ》く燃《も》えている主婦《しゅふ》たちが、朝から夜まで次々に出入りしては報告《ほうこく》し、連絡《れんらく》をとりあっていると、やがて物価庁《ぶっかちょう》の役人《やくにん》たちから「うるさい」といわれて追い出されてしまいます。

つぎに、新橋《しんばし》の第二大蔵《おおくら》ビルに移《うつ》ります。ここを本部事務所《じむしょ》としてやっと、活動《かつどう》が始まりました。事務《じむ》にあたったのは勝部三枝子《かつべみえこ》（後《のち》の主婦連合会事務局長《しゅふれんごうかいじむきょくちょう》）、清水鳩子《しみずはとこ》（後《のち》に主婦連合会会長《しゅふれんごうかい》・主婦会館《しゅふかいかん》理事長）、中村紀伊《なかむらきい》（むめおの長女、主婦連合会会長、後《のち》に主婦《しゅふ》会館《かいかん》理事長）たちです。この若《わか》い明るい華《はな》やいだ雰囲気《ふんいき》に、みなは楽しんで事務所《じむしょ》に集まってきました。

ここの部屋《へや》にも、主婦《しゅふ》たちが朝から入れ替《か》わり立《た》ちかわりやってきました。そのうえ、理解《りかい》のある会社の社長や幹部《かんぶ》の人、新聞記者や、ラジオ局《きょく》の人、マスコミの人、商人、役人、協同《きょうどう》組合の人たちが引きもきらずに出入りして、それはそれは、にぎやかなことでした。この人たちはそれぞれ情報《じょうほう》を持ち帰り、意見を交換《こうかん》し、励《はげ》ましあい、楽しみながら心を開いて親しみを深めていきました。

あるときは、マッチ箱に入れて味噌を持ち寄り、品質を比べたり、高田ユリがテストを重ね、あるときは野菜や魚や日用品を持ち寄り、適正価格で売られているかなどと話し合います。肉などの値段をあてた人は商品として肉をもらって帰れるゲームをしたりもしました。

このころこの検査のために高田ユリ（第二代主婦連合会長）は大変《たいへん》な苦労をしていました。高田はこの頃のことを主婦連合会三十周年記念文集に書いています。

「主婦連合会本部はまだ仮住まいで、薄暗い窓もない、第二大蔵ビルの二階の物置でしたが、分室というところへ案内されてさらにおどろきました。そこは喫茶店の二階でした。奥会長は、コンロが一つ、ついている流し台をさされて、

『あなた、ここでテストできるでしょ』

私は会長のお考えをもっと確かめねば……と思った」

設備も機械もなにもない流し台の前でこうあっさりと言われたこの言葉に、高田ユリは絶句します。この狭い台所では試験、テストはおろか、とうてい、分析《ぶんせき》も計量《けいりょう》さえもできるはずがありません。悩んだ高田ユリは母校でもあり、元助教授だった共立薬科大学に頼み込み協力を得ます。そこで力を得て精力的に実験、検査を始めました。

牛乳の乳脂肪分析《にゅうしぼうぶんせき》、マーガリンの比較試験検査を重ねました。たくあんの色素《しきそ》オーラミンを検査したところ、ほとんど体外に排泄《はいせつ》されずに残り、人体に与える悪影響を指摘《してき》しました。

この八年後、一九五六年（昭和《しょうわ》三十一年）新築された主婦会館に日用品検査室が出来るまで、むめおの強い念願だった日用品テストはこの高田ユリが不自由な中で研究を続けたのでした。

## 「主婦連《しゅふれん》たより」の発行

むめおは主婦連合会《しゅふれんごうかい》が発足《ほっそく》すると同時に、機関紙《きかんし》として「主婦連《しゅふれん》たより」を発行します。以来《いらい》、創立《そうりつ》六十年を超《こ》えた現在《げんざい》も途切《とぎ》れることなく、毎月発行されています。

その第一号の巻頭言《かんとうげん》に、むめおは「楽しい闘《たたか》い」という熱《あつ》い決意の文を載《の》せます。

「私達《たち》の前途《ぜんと》に輝《かがや》きそめた希《き》望《ぼう》の光は、婦人《ふじん》が自分の力を発見した喜《よろこ》びである。団結《だんけつ》して声をあげ、社会の世論《よろん》として解決《かいけつ》してゆく道を知ったことは、家庭の婦人《ふじん》たちにとって希《き》望《ぼう》の生活の到来《とうらい》である。

主婦連合会《しゅふれんごうかい》は生活に結《むす》びついて結集《けっしゅう》した主婦《しゅふ》の共同戦線体《きょうどうせんせんたい》である。みんなまとまって生活を守るために果敢《かかん》な声をあげよう」

そして「主婦連《しゅふれん》たより」に、

「ヤミ生活はもうたくさん。ヤミ撲滅《ぼくめつ》は主婦《しゅふ》の手で」

というスローガンを掲《かか》げました。全国の会員の意見も掲載《けいさい》し、各地《かくち》で盛《さか》んになった支部《しぶ》や地域《ちいき》の活動報告なども載《の》せています。

## シンボルは「おしゃもじ」

一九五一年（昭和《しょうわ》二十六年）に主婦連合会《しゅふれんごうかい》のシンボルとしてはじめておしゃもじを掲《かか》げて街頭《がいとう》に出ます。最初《さいしょ》は「主食を獲得《かくとく》する運動」のプラカードとして大きなおしゃもじがつくられました。

おしゃもじは三メートルほどの大きなベニヤ板《いた》でつくり、紙をはって訴《うった》える言葉を書いたものです。

「公共《こうきょう》料金《りょうきん》をあげるな」

「独禁法《どくきんほう》強化《きょうか》改正《かいせい》　骨抜《ほねぬ》き許《ゆる》すな」

「消費者《しょうひしゃ》に訴《うった》える資格《しかく》　認《みと》めよ」

「団結《だんけつ》」

「キャベツの豊作貧乏《ほうさくびんぼう》追放しよう」

「やめて！　消費税《しょうひぜい》なんて」

エプロンをかけた主婦《しゅふ》たちは、問題が起きるとすぐに、怒《いか》りや願いを書いたこの大きなおしゃもじをかついで国会議事堂《ぎじどう》の周《まわ》りや繁華街《はんかがい》をデモ行進し、訴《うった》えました。

家庭を守る主婦《しゅふ》にとっておしゃもじは、ご飯《はん》を盛《も》りつけ、家族に食べさせる大事な道具です。煮物《にもの》を焦《こ》げつかないようにまぜる道具でもあり「飯《めし》とる」「召《め》し捕《と》る」の意味もあります。

主婦連合会《しゅふれんごうかい》は家庭生活のすべてに目を配り、疑問《ぎもん》や不満《ふまん》や不当《ふとう》をさがしだし、幸《しあわ》せを願《ねが》うための運動をして、その組織《そしき》をまとめていくために、このおしゃもじの心こそ、集団《しゅうだん》活動に大事なことだとむめおは確信《かくしん》するのでした。

# 第十章　むめおの活躍《かつやく》

## 優良店《ゆうりょうてん》の推奨《すいしょう》

値段《ねだん》が高過《たかす》ぎないか？　品物はごまかしていないか？　主婦連合会《しゅふれんごうかい》の主婦《しゅふ》たちは国鉄にも、食糧庁《しょくりょうちょう》にも、電力会社にも、豆腐屋《とうふや》にも、肉屋《にくや》にも、疑問《ぎもん》があればすぐに出かけていって調べました。

ですから、主婦連合会《しゅふれんごうかい》は文句《もんく》ばかり言う嫌《いや》な団体《だんたい》だと、これらの業者たちは目の仇《かたき》にして嫌《きら》っていました。

しかし、むめおたちは業者たちをいじめてばかりいたわけではありません。納得《なっとく》のいく答えが得《え》られれば手をつなぎ、良い品物づくりに協力していきました。

一方で、どうしてこのような関係《かんけい》になったか、むめおは考えました。戦争中《せんそうちゅう》は物資《ぶっし》が乏《とぼ》しくて、配給《はいきゅう》に頼《たよ》る暮《く》らしが続《つづ》いていたため、消費者《しょうひしゃ》は商人に売っていただくという構図《こうず》になっていました。むめおは「これではいけない」、買う人が主人公になり、主婦《しゅふ》が品物や店を選べるようになれば、もっと良い品物を売ろうと努力《どりょく》をする商人が育つのではないかと考えつきます。

むめおはそれらの団体《だんたい》や業者と良《よ》い関係《かんけい》を持ちたいと考えていたのです。そこで、まじめにいい仕事をしている業者たちに、「優良主婦《ゆうりょうしゅふ》の店」というマークをつけることにしました。

一九四九年（昭和《しょうわ》二十四年）三月、主婦《しゅふ》たちに「優良主婦《ゆうりょうしゅふ》の店」を投票《とうひょう》してもらうことにしました。すると待っていましたとばかりに集まった主婦《しゅふ》たちは、「優良主婦《ゆうりょうしゅふ》の店《みせ》」投票《とうひょう》に協力をしてくれました。東京都内《とうきょうとない》で五十万人もがこの投票《とうひょう》に参加《さんか》しました。主婦《しゅふ》たちの悩《なや》みがいくらかでも楽《らく》になればいいと、むめおはこの五十万人の数に驚《おどろ》きながらも大変喜《たいへんよろこ》びました。

## 「お風呂屋《ふろや》さんの公聴会《こうちょうかい》」を開く

次に、風呂代《ふろだい》の値上《ねあ》がりに目をつけた主婦《しゅふ》たちが、早速《さっそく》行動を起こします。風呂屋《ふろや》が閉《へい》店《てん》する寸前《すんぜん》に、入りにいき、浴槽《よくそう》のお湯を瓶《びん》に入れて持って帰り、細菌《さいきん》の検査《けんさ》をしたのです。また、会員たちは風呂屋《ふろや》の向かい側《がわ》の魚屋の二階を借《か》りて閉店《へいてん》まで見張《みは》りを続《つづ》け、入《にゅう》浴《よく》した大人《おとな》は何人、子どもは何人と、人数を調べたりしました。

浴場《よくじょう》組合の人たちには原価《げんか》計算をさせ、値上《ねあ》げをしないように、話し合いを重ねていきます。それでも納得《なっとく》のいかない主婦《しゅふ》たちは、ついに、「お風呂屋《ふろや》さんの公聴会《こうちょうかい》」を開いたのです。こうしてとうとう、物価庁《ぶっかちょう》から、当分の間は風呂代《ふろだい》の値上《ねあ》げをしないという約束《やくそく》を取りつけました。

しかし、この運動には後日談《ごじつだん》があります。このとき見張《みは》りのために二階を貸《か》した魚屋は、その真向かいの風呂屋《ふろや》に、にらまれて入浴《にゅうよく》をことわられ、遠い別《べつ》の風呂屋《ふろや》へ通ったということでした。

「賢《かしこ》い消費者《しょうひしゃ》になりましょう」「主婦博士《しゅふはかせ》になりましょう」

主婦《しゅふ》たちが役所や業者《ぎょうしゃ》たちに場当たり的《てき》に、感情《かんじょう》で不満《ふまん》をもって攻《せ》め立てるだけではいけないと考えたむめおは、会員たちに提案《ていあん》します。

一人ひとりの会員が、必《かなら》ず専門《せんもん》の知識《ちしき》を身につけて、品物が不良品《ふりょうひん》か、価格《かかく》が適正《てきせい》であるか、自分の目で調べて『主婦博士《しゅふはかせ》になりましょう』『賢《かしこ》い消費者《しょうひしゃ》になりましょう』という提案《ていあん》です。

これは会員たちの合言葉になりました。

## ノー包装《ほうそう》運動

次に、むめおが目をつけたのは包装《ほうそう》のあり方です。むめおは主婦連合会《しゅふれんごうかい》の運動として、無駄《むだ》な過剰包装《かじょうほうそう》はやめましょう。買いものには、袋《ふくろ》や風呂敷《ふろしき》を持って行きましょうと、ノー包装《ほうそう》運動を提案《ていあん》します。

いまではこの運動は世界的《せかいてき》なものにまで広がっています。ノーベル平和賞《へいわしょう》を受賞《じゅしょう》し、二〇一二年（平成《へいせい》二十四年）亡《な》くなった、ケニアの天然資源《てんねんしげん》省環境《しょうかんきょう》副大臣《ふくだいじん》で生物学博士《はかせ》のワンガリー・マータイはいっています。

「『もったいない』は昔から物《もの》を大事にする日本の国民《こくみん》の美徳《びとく》です。世界にこの運動を広げましょう」と。

こうして「もったいない運動」が広がっていったのです。最近《さいきん》になってきれいな袋《ふくろ》を持ち歩くのも一つのおしゃれのように言われて、「エコ・バッグを持ちましょう」という運動が盛《さか》んになっています。

## 添加物《てんかぶつ》の問題

一九五〇年前後のことです。ジュースを飲んだ子どもの口が真《ま》っ赤《か》にそまる色素《しきそ》や、添《てん》加物《かぶつ》が問題として取り上げられました。有害《ゆうがい》なズルチン、サッカリンなどの甘味料《かんみりょう》を添加《てんか》して使っていたこと、りんごジュース、オレンジ・ジュースと壜《びん》には書いてありましたが、検査《けんさ》の結果《けっか》、まったく果汁《かじゅう》の入っていないものが売られていたこともわかりました。

まず主婦連合会《しゅふれんごうかい》の試験室《しけんしつ》では、一九五〇年（昭和《しょうわ》二十五年）、商品テストを始めました。

こうしてマーガリンや牛乳《ぎゅうにゅう》の成分検査《せいぶんけんさ》をすると、半分も規格外《きかくがい》であったことがわかりました。表示《ひょうじ》と中味が違《ちが》うのです。会員はとてもびっくりして早速《さっそく》、当局に訴《うった》えることにし

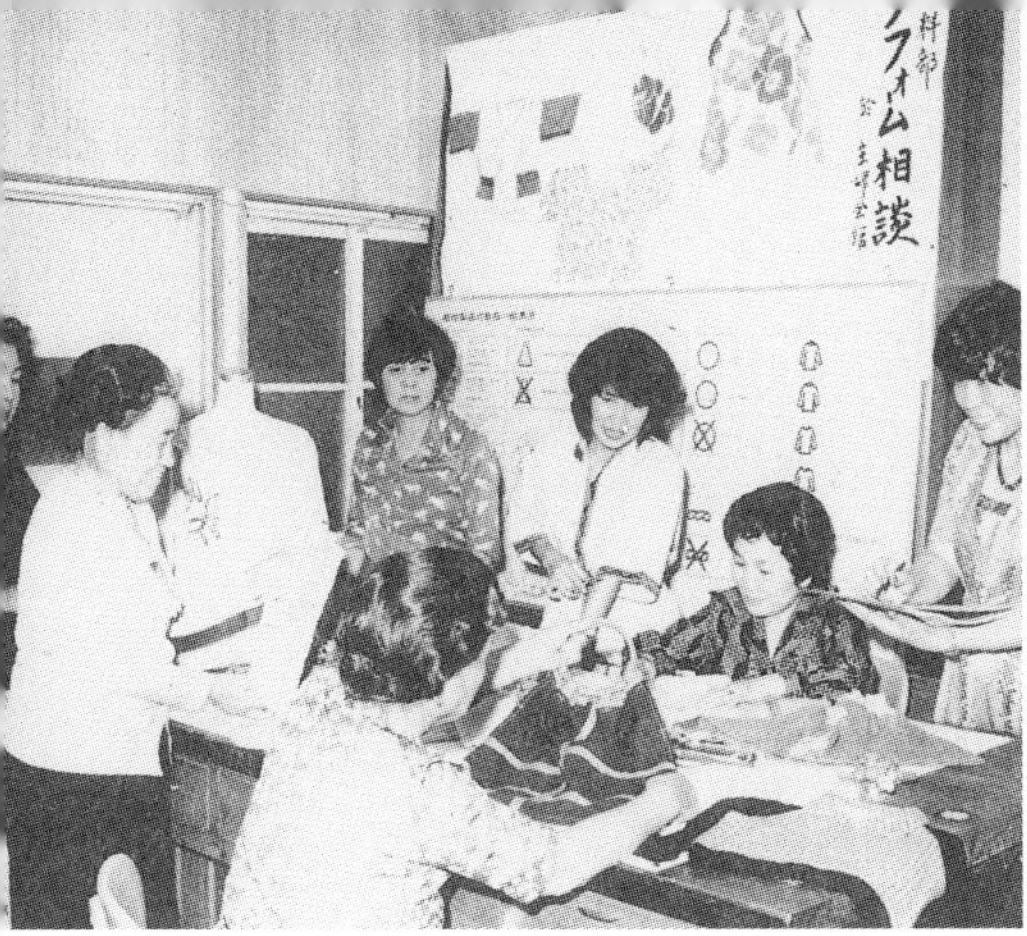


パパの古背広がボクの外出着に！大盛況の衣料部リフォーム相談（昭和52年）

ました。

魚屋にも問題が見つかりました。店頭には毒々《どくどく》しい赤い「たらこ」が並《なら》んでいます。有《ゆう》害色素《がいしきそ》で染《そ》められていることがわかりました。そこで、眉《まゆ》をひそめて魚屋を糾弾《きゅうだん》しますと、「買いに来た奥《おく》さんたちが赤くてきれいね、と言って喜《よろこ》ぶからね」と笑《わら》っています。

また、こんなこともありました。新潟《にいがた》の主婦《しゅふ》の会が業者に協力《きょうりょく》してもらって無着色《むちゃくしょく》のソーセージを売り出したことがあります。ところが、主婦《しゅふ》たちは「白いソーセージ」を見て「気持ちが悪《わる》い」と言ってだれも買ってくれませんでした。商品は売りものにならず協《きょう》力《りょく》した業者には気の毒《どく》なことになってしまいました。

この「赤いたらこ」も「白いソーセージ」も問題は消費者《しょうひしゃ》の商品の知識《ちしき》のないことにあります。むめおは消費者《しょうひしゃ》を教育しなければいけないと痛感《つうかん》します。

こんな運動によりわずかながら、むめおたちの要望《ようぼう》が認《みと》められて、一九五三年にオーラミンや有害《ゆうがい》な甘味料《かんみりょう》の添加《てんか》を禁止《きんし》すること、マーガリンや牛乳《ぎゅうにゅう》の成分検査《せいぶんけんさ》を表示《ひょうじ》することの法律《ほうりつ》がつくられました。

## 品質《ひんしつ》の表示《ひょうじ》は正しいかを検査《けんさ》する

その後、主婦連合会《しゅふれんごうかい》に、日用品審査部《しんさぶ》が開設《かいせつ》されると、早速《さっそく》、品質《ひんしつ》の疑問《ぎもん》にも対処《たいしょ》していきます。

南の海にいる魚、メルルーサのことを魚屋さんはイサキと呼《よ》び、高値《たかね》で取引《とりひき》していきます。素人《しろうと》には、見た目にも食べてもその違《ちが》いはほとんどわからなかったのですが、むめおはイサキとうそを言わずに、本当はメルルーサだといって、安く売るべきだと、強硬《きょうこう》に水《すい》産庁《さんちょう》に申し入れました。

一九五一年（昭和二十六年《しょうわ》）には、「うそつき缶詰《かんづめ》」の問題が起こりました。缶詰《かんづめ》のラベルには牛の絵が描《えが》かれています。人々は牛肉の缶詰《かんづめ》のつもりで買いました。ところが、ふたを開けてみると中には馬肉が入っていたのです。

早速《さっそく》、むめおたちは、大きなおしゃもじに牛の顔を描《えが》いて、「うそつき表示《ひょうじ》追放」のための、デモ行進をしました。

ある日、むめおたちはトイレット・ペーパーに表示がなく、大きさや長さがまちまちだということに気がつきます。

主婦連合会《しゅふれんごうかい》の会員たちは、各地《かくち》の店からトイレット・ペーパーを買い集め、紙の質《しつ》や計量《けいりょう》を調べていくと、一巻《いっかん》の長さ、幅《はば》、質《しつ》がまちまちで、いい加減《かげん》だったことがわかりました。

むめおは通産省《つうさんしょう》にこの事実をつきつけて、適正《てきせい》に改善《かいぜん》するべきだとせまりました。間《ま》もなく通産省《つうさんしょう》は、トイレット・ペーパーの会社、各社《かくしゃ》にきびしい指導《しどう》をしました。この結果《けっか》、今では『家庭用品品質表示法《ひんしつひょうじほう》による表示《ひょうじ》。寸法《すんぽう》＝幅《はば》１１４㎜×長さ60ｍ』などと、トイレット・ペーパーの袋《ふくろ》に印刷《いんさつ》されるようになりました。

家庭用品品質表示法《ひんしつひょうじほう》は一九六二年（昭和《しょうわ》三十七年）五月に定められました。法文《ほうぶん》にはこう書《か》いてあります。

「家庭用品の品質《ひんしつ》に関《かん》する表示《ひょうじ》の適正化《てきせいか》を図《はか》り一般消費者《いっぱんしょうひしゃ》の利益《りえき》を保護《ほご》することを目的《もくてき》とする」

これには繊維製品《せんいせいひん》、合成樹脂《ごうせいじゅし》、電気機械器具《でんききかいきぐ》及《およ》び雑貨《ざっか》工業品が該当《がいとう》します。

このようなことが続《つづ》いた後《あと》、同じ年の九月には、不当景品類及《ふとうけいひんるいおよ》び不当表示防止法《ふとうひょうじぼうしほう》が制定《せいてい》されました。衣類《いるい》、食品、などあらゆる製品《せいひん》に正しい表示《ひょうじ》をつけなければならないという法律《ほうりつ》です。また、繊維製品《せんいせいひん》の取り扱《あつか》いの絵表示《ひょうじ》マークも定められました。

今ではセーターには「毛70％、アクリル30％」等という正しい表示《ひょうじ》がされています。

これらの法律《ほうりつ》のおかげで、やがていい加減《かげん》な商品は出回らなくなっていったのです。

## 賞味期限《しょうみきげん》と消費期限《しょうひきげん》

今では子どもたちでさえあたりまえのように、包装《ほうそう》の袋《ふくろ》を見ては、賞味期限《しょうみきげん》を敏感《びんかん》に指摘《してき》する時代になりました。

けれども、この頃《ころ》はまだ、消費者《しょうひしゃ》が魚や肉や乳製品《にゅうせいひん》などを安心して買える状態ではありませんでした。日時などは、パッケージに記載《きさい》してありませんでした。その上、防腐剤《ぼうふざい》などの添加物《てんかぶつ》が使われていて、カビの生《は》えない餅《もち》もありました。

これでは、不安で買い物ができません。主婦連合会《しゅふれんごうかい》の人たちは、是非《ぜひ》とも消費期限《しょうひきげん》、賞味期限《しょうみきげん》を定める必要《ひつよう》があることを痛感《つうかん》しました。

その結果《けっか》、今は賞味期限《しょうみきげん》と消費期限《しょうひきげん》はＪＡＳ（農林物資《のうりんぶっし》の規格化及《きかくかおよ》び品質表示《ひんしつひょうじ》の適正化《てきせいか》に関《かん》する法律《ほうりつ》）に定められています。

賞味期限《しょうみきげん》とは、

「おいしく食べられる期限《きげん》」です。日持ちのする、缶詰《かんづめ》やカップめんなどで、多少日にちが過《す》ぎても食べられるものにつけられます。

消費期限《しょうひきげん》とは、

「期限《きげん》が過《す》ぎたら食べないほうがよいもの。五日以内《いない》に品質《ひんしつ》が悪くなるもの」ということで、サンドイッチや弁当《べんとう》などにつけられます。

このように、むめおが叫《さけ》び続《つづ》けてきた運動は徐々《じょじょ》に実り立法化《りっぽうか》が実現《じつげん》していきます。

## 苦情《くじょう》の窓口《まどぐち》

一九六〇年（昭和《しょうわ》三十五年）、主婦連合会《しゅふれんごうかい》の中に苦情《くじょう》の処理《しょり》の窓口《まどぐち》を開設《かいせつ》しました。暮《く》らしの中で起きる苦情《くじょう》、不満《ふまん》を持ち寄《よ》って、政治《せいじ》、行政《ぎょうせい》、業界に訴《うった》えようと発足《ほっそく》したものです。

やがてこの運動が盛《さか》んになって、全国に三十五ヶ所の苦情《くじょう》の窓口《まどぐち》ができました。その翌年《よくねん》、一九六一年（昭和《しょうわ》三十六年）、主婦連合会《しゅふれんごうかい》の人々の努力《どりょく》で、主婦会館《しゅふかいかん》を会場として、苦情《くじょう》の窓口《まどぐち》全国代表者会議《かいぎ》が開《ひら》かれました。このとき経済企画庁長官《けいざいきかくちょうちょうかん》も出席《しゅっせき》して、全国から集まった、これらのいいかげんなごまかし製品《せいひん》の問題が、厳《きび》しく追及《ついきゅう》し討議《とうぎ》されました。

こうして、次々に消費者《しょうひしゃ》を守る法律《ほうりつ》がつくられていきました。

これを見守るために、一九六五年（昭和《しょうわ》四十年）、経済企画庁《けいざいきかくちょう》に国民《こくみん》生活局が、その後、都道府県《とどうふけん》に消費生活担当課《しょうひせいかつたんとうか》や消費《しょうひ》生活センターが設置《せっち》されます。

さらに、消費者保護基本法《しょうひしゃほごきほんほう》も成立《せいりつ》していきました。また、家庭用品品質表示法《ひんしつひょうじほう》や、繊維《せんい》製品《せいひん》の取り扱《あつか》いの絵表示《えひょうじ》のJIS規格《きかく》が定められました。

JIS規格《きかく》とは「日本工業規格《こうぎょうきかく》」のことで、生活を便利《べんり》にするために、製品《せいひん》の品質《ひんしつ》をよくしたり、形や大きさ、品質《ひんしつ》などについて決めたものです。

一九七二年（昭和《しょうわ》四十七年）にはむめおたちの提案《ていあん》で全国消費者《しょうひしゃ》大会を開き、第七回IOCU世界大会で、再販制度廃止《さいはんせいどはいし》をストックホルムで決議《けつぎ》しました。

またほかにも、一九六三年（昭和《しょうわ》三十八年）、「国会議員《ぎいん》の歳費値上《さいひねあ》げ反対」を婦人七団《ふじんななだん》体《たい》が声にして立ち上がり、参議院内《さんぎいんない》に第三者の諮問機関《しもんきかん》を設置《せっち》させました。

## 念願《ねんがん》の主婦会館《しゅふかいかん》が建《た》つ

このように主婦連合会《しゅふれんごうかい》の運動を続《つづ》けていくうちに、むめおたちは、いつまでも間借《まが》りの部屋《へや》で運動を続《つづ》けることに不自由《ふじゆう》を感じるようになっていきました。すでに主婦《しゅふ》たちは集まれる建物《たてもの》がほしい、そうはっきりと考え始めていました。主婦連合会《しゅふれんごうかい》が結成《けっせい》された一九四八年（昭和《しょうわ》二十三年）です。

一、地方《ちほう》の会員たちと宿泊《しゅくはく》して徹夜《てつや》してでも心ゆくまで話しあいたい、宿泊設備《しゅくはくせつび》がほしい。お風呂《ふろ》もほしい。

二、主婦連合会専用の整備された日用品試験室《しけんしつ》がほしい。

三、会員が集まって全国会議《かいぎ》ができる大ホールがほしい。

四、健康料理《けんこうりょうり》の指導《しどう》ができる料理《りょうり》教室がほしい。

五、英語《えいご》や洋裁《ようさい》や、茶道、生け花、手芸《しゅげい》を学ぶ教室がほしい。

六、生活協同《きょうどう》組合の物産《ぶっさん》が買える、買い物ができる売店があればいいのに。

七、レストランがあったらいいな。

八、美容室《びようしつ》は？

九、婦人《ふじん》の健康《けんこう》問題の相談所《そうだんじょ》がほしい。女性専門の医師が常駐すること。

十、集会にきたついでに、住宅《じゅうたく》についての相談《そうだん》もできたらいい。

当初《とうしょ》むめおは、小さな家でもいいと考えていたのですが、夢《ゆめ》はだんだんに膨《ふく》らんでいき、欲《よく》が出てきました。そこで物件《ぶっけん》を見て歩き、資金《しきん》のことや立地条件《じょうけん》などに悩《なや》んでいるうちに、どんどん歳月《さいげつ》が流れていってしまっていたのです。

本当のところ、あいかわらず、むめおは貧乏《びんぼう》で、そのような大きく立派《りっぱ》な夢《ゆめ》の買い物ができるはずもありません。むめおがずぐずぐずしているうちに、長野《ながの》、宇都宮《うつのみや》、福岡《ふくおか》、金《かな》沢《ざわ》、広島《ひろしま》、と全国的《ぜんこくてき》に婦人会館《ふじんかいかん》が建設《けんせつ》されていきます。

そこで、むめおは、東京都《とうきょうと》の安井《やすい》知事に談判《だんぱん》に行きます。地方の婦人会館建設《ふじんかいかんけんせつ》には県や市が半分くらいの助成《じょせい》をしています。東京《とうきょう》は日本の真《ま》ん中《なか》にあるのですから設備《せつび》の整《ととの》った理想的《りそうてき》な会館をつくりたいのです。ぜひ協力《きょうりょく》してくださいと懇願《こんがん》します。

しかし、同じころ一九五二年（昭和《しょうわ》二十七年）、むめおにとても魅力的《みりょくてき》な誘《さそ》いが舞《ま》い込《こ》みます。イギリスの政府《せいふ》から「日本の婦人《ふじん》活動のためにもぜひ来てください」という誘《さそ》いです。むめおは婦人会館建設《ふじんかいかんけんせつ》の大事《だいじ》なときに留守《るす》にすることにたいへん迷《まよ》いましたが、思い切って三ヶ月の旅に出ます。

この旅はむめおに、自信《じしん》と勇気《ゆうき》と新たな指針《ししん》を与《あた》えてくれました。むめおに衝撃を与え、すっかり夢中にさせることに出会います。スウェーデンの首都ストックホルムで「家庭生活研究所」を見学したときのことです。

ここ、ストックホルムでは、むめおの考えていた主婦《しゅふ》会館の施設《しせつ》よりも、もっとずっと充実《じゅうじつ》した研究をしていました。更《さら》に研究結果《けっか》を婦人会《ふじんかい》などに無料《むりょう》のもの、有料《ゆうりょう》のものと分《わ》けて配布《はいふ》していました。むめおは羨望《せんぼう》と驚《おどろ》きで、また新たな意欲《よく》と決意を持って帰国したのでした。

そんなある日、平凡社《へいぼんしゃ》社長の下中弥三郎《しもなかやさぶろう》に呼《よ》ばれます。下中《しもなか》との親交は一九二〇年（大正《たいしょう》九年）、新婦人《しんふじん》協会結成《けっせい》のとき、そして、一九二三年、職業婦人社《しょくぎょうふじんしゃ》を起こす資金《しきん》やアイデアのきっかけをもらって以来《いらい》のものでした。

「四谷《よつや》駅前の八十一坪《つぼ》の土地を一千万円で売りましょう」

むめおは新しい会館の構想《こうそう》が積《つ》み上がっていたときだけに、この土地はどうしても買いたいと、思いつめました。

しかし何しろ一千万円という大金が心配です。大仕事です。またまた、むめおに苦難《くなん》の闘《たたか》いが待ち構《かま》えていました。

まず、東京《とうきょう》の主婦連合会《しゅふれんごうかい》会員に協力《きょうりょく》を頼《たの》みます。むめおも会員たちも必死《ひっし》に募金《ぼきん》集めを始めましたが、わずか四百万円しか集まりません。

ところがそれを聞きつけた地方の会員たちから、ありがたい援助《えんじょ》が集まり始めました。一円ずつの寄付《きふ》を寄《よ》せ集めて、こちらの県では五万円、あちらの県では三万円、七万円と募金《ぼきん》をがんばってくれました。また農村の会員たちは「お米の一握《ひとにぎ》り運動」といって、主婦《しゅふ》たちがお米を一握《ひとにぎ》りずつ持ち寄《よ》って資金《しきん》集めに協力《きょうりょく》してくれたのです。

これに感激《かんげき》した東京《とうきょう》の主婦連合会《しゅふれんごうかい》会員たちもこうしてはいられませんと勢《いきお》いづきました。必死の募金の活動により、とうとう一千万円を超《こ》える金額《きんがく》が集まっていったのです。

このときの感動を、むめおは主婦連合会《しゅふれんごうかい》三十周年記念文集《しゅうねんきねんぶんしゅう》に書いています。

「どうしてこの大金ができたか、神仏《しんぶつ》の加護《かご》のもとしかいいようがない」

むめおは、世の中にはこんなに有難《ありがた》いことがあるかと、感謝《かんしゃ》にくれていました。

こうした涙《なみだ》ぐましい全国の会員たちの努力《どりょく》で、四谷駅前《よつやえきまえ》に、平凡社《へいぼんしゃ》、下中弥三郎《しもなかやさぶろう》の土地《とち》を譲《ゆず》ってもらうことができました。

やがてむめおの理想とした主婦会館《しゅふかいかん》が完成《かんせい》していきます。総建坪《そうたてつぼ》三六〇〇平方メートルの、地上六階、地下一階の白い建物《たてもの》でした。会館建設《けんせつ》を思い立ってから八年が経過していました。

開館式《かいかんしき》は一九五六年（昭和《しょうわ》三十一年）五月七日。

快晴《かいせい》で五月の風がさわやかな明るく晴れ上がった朝《あさ》でした。

一万田《いちまんだ》大蔵大臣《おおくらだいじん》、小林厚生大臣《こばやしこうせいだいじん》、有田八郎《ありたはちろう》、元外務大臣《もとがいむだいじん》らが駆《か》けつけてくれ、今後の活動を励《はげ》まし祝福《しゅくふく》してくれました。

また、思いもかけない有難《ありがた》い飛《と》び入りもあって、会場には感動の渦《うず》が舞《ま》い起こりました。

真新しい大ホールの舞台《ぶたい》では、武原《たけはら》はん（無形文化財《むけいぶんかざい》の日本舞踊家《にほんぶようか》）の地唄舞《じうたまい》で柿落《こけらおと》しが舞《ま》われ、会場に格式高《かくしきたか》い幽玄《ゆうげん》の世界と一層《いっそう》の華《はな》やぎをそえました。

びっくりするような華々《はなばな》しい飛び入りもありました。

早朝から、新築《しんちく》の会館の玄関前《げんかんまえ》には、江戸《えど》消防《しょうぼう》組合中組三十二名が、紺色《こんいろ》のもも引きとあざやかな朱色《しゅいろ》と紺色《こんいろ》のきりっとした法被《はっぴ》のいなせな姿《すがた》で、ずらりと整列《せいれつ》していたので

す。突然《とつぜん》現《あらわ》れた、このものものしい勇姿《ゆうし》にむめおたちは驚《おどろ》きました。
彼《かれ》らは「やぁっ」という掛《か》け声につづいて、みごとな無形文化財《むけいぶんかざい》の「木やり」を唄《うた》って祝《いわ》ってくれました。思いもかけないこの祭り気分に、居並《いなら》ぶ会員主婦《しゅふ》たち、来賓《らいひん》たちは、感激《かんげき》で涙《なみだ》をうかべていました。
じつはこの江戸《えど》消防組《しょうぼうぐみ》の人たちとは、お正月の門松自粛《かどまつじしゅく》運動でにらみ合っていたことがあったのです。当時は戦後《せんご》で、足りない燃料《ねんりょう》のために、やたらと樹木《じゅもく》が伐採《ばっさい》されて、山が荒《あ》れていました。そこで、松《まつ》を使わないようにと、主婦連合会《しゅふれんごうかい》では申し入れをし、彼《かれ》らとは仲《なか》が悪くなっていたのでした。それだけにむめおのこの日の喜《よろこ》びようは大変《たいへん》なものでした。後々《のちのち》まで、この感激《かんげき》を思い出しては語ることがありました。
ここにもう一つ見事なものが玄関《げんかん》に積《つ》み上げられました。それは、北海道《ほっかいどう》、青森《あおもり》、秋田《あきた》、新潟《にいがた》、群馬《ぐんま》、埼《さい》玉《たま》、福井《ふくい》の各地《かくち》で、会館建設資金《かいかんけんせつしきん》のための「米一握《ひとにぎ》り運動」で集められた白米の俵《たわら》でした。

長い間、仮事務所《かりじむしょ》だった主婦連合会はやっとそこからぬけだしました。一九五六年（昭《しょう》和《わ》三十一年）五月。いよいよ東京《とうきょう》の四谷《よつや》駅前に夢《ゆめ》がかない、全国の想《おも》いが籠《こも》った主婦《しゅふ》連合会の本拠地《ほんきょち》としての主婦会館《しゅふかいかん》が建《た》ちあがったのです。

念願《ねんがん》の、日用品試験室《しけんしつ》も、大ホールも、勉強ができる教室も、会議室《かいぎしつ》も、すべてが真新しく整って実現《じつげん》しました。地方から来た会員たちは、和気《わき》あいあいと宿泊《しゅくはく》することもできます。むめおの理想の殿堂《でんどう》が建《た》ちあがりました。

むめおは、一九二三年（大正《たいしょう》十二年）に職業婦人社《しょくぎょうふじんしゃ》を立ち上げ、働く婦人の家、セツルメントと働《はたら》いてきて、その折々《おりおり》に単発的《たんぱつてき》に家をつくり、学ぶ教室をつくりました。有名な講師《こうし》を呼《よ》び、設備《せつび》もつくりました。今、ここに完成《かんせい》した主婦《しゅふ》の殿堂《でんどう》は、むめおの積《つ》み重ねてきた仕事の延長《えんちょう》で、苦労《くろう》が報《むく》われた集大成《しゅうたいせい》だったのです。

むめおの胸《むね》のうちには思い出があふれます。凍《こご》える冬の日、乳母車を押して職業婦人社の雑誌を郵便局へ運んだ夜などの苦しみや喜《よろこ》びが思い浮《う》かびます。お世話になったあの人この人の顔が次々に浮《う》かび、熱《あつ》い感謝《かんしゃ》と感動に震《ふる》えるのでした。

むめお、六十五歳《さい》のときでした。

この主婦会館《しゅふかいかん》ができたことで、間《ま》もなく各県《かくけん》には県立婦人会館《けんりつふじん》、私立婦人会館《しりつふじん》ができていきました。

昭和《しょうわ》五十二年、埼玉県嵐山町《らんざん》に国立女性教育会館《こくりつじょせいきょういくかいかん》が設立《せつりつ》されます。これらの会館が横の連絡《れんらく》を取りながら活動するために、全国婦人《ふじん》会館協議会《きょうぎかい》も結成《けっせい》されます。

むめおは会長に推《お》され、まとめ役として主婦会館《しゅふかいかん》が事務局《じむきょく》をつとめることになります。

## 海外視察《かいがいしさつ》

むめおには議員《ぎいん》活動、主婦連合会《しゅふれんごうかい》、生活協同《きょうどう》組合など、多忙《たぼう》な中で、外国への視察《しさつ》旅行も増《ふ》えました。

一九五二年（昭和《しょうわ》二十七年）、イギリス政府《せいふ》の招待《しょうたい》でイギリスへ。このとき、ドイツ、スイス、デンマーク、スウェーデンを視察《しさつ》します。

一九五五年（昭和《しょうわ》三十年）七月から九月にかけて、生活協同《きょうどう》組合代表団《だいひょうだん》の一員として中国、ソ連《れん》へ視察《しさつ》に。

一九五八年（昭和《しょうわ》三十三年）、列国議会同盟会議《れっこくぎかいどうめいかいぎ》に議員《ぎいん》代表として出席《しゅっせき》。さらにブラジルのリオデジャネイロへ。その後アメリカ、メキシコ、ペルー、チリ、アルゼンチン、ウルグアイ、イタリア、西ドイツ、フランス、スペイン、エジプトを視察《しさつ》。

さらに、一九六〇年（昭和《しょうわ》三十五年）四月、日本生産性本部消費者教育研究視察団《にほんせいさんせいほんぶしょうひしゃきょういくけんきゅうしさつだん》、団長《だんちょう》として訪米《ほうべい》します。このとき、アメリカ商品テストの結果《けっか》を紹介《しょうかい》する雑誌《ざっし》「コンシューマーズ・レポート」の存在《そんざい》に刺激《しげき》を受け感動してかえります。

こうしてむめおは、新しい世界《せかい》の消費者《しょうひしゃ》運動を貪欲《どんよく》な眼差《まなざ》しで見聞《けんぶん》して、日本のこれからの消費者《しょうひしゃ》運動のためのイマジネーションを膨《ふく》らませていきました。

## その後のむめお

むめおのスローガンは『台所と政治《せいじ》を結《むす》ぼう』です。

普通《ふつう》の奥《おく》さんの、主婦《しゅふ》の、お母《かあ》さんの、婦人《ふじん》の幸せのために、暮《く》らし易《やす》い国になることを願《ねが》い続《つづ》けた長い長い闘《たたか》いでした。むめおは信念《しんねん》を通し、暮《く》らしに関《かか》わるささやかな問題

ますます多くなる世界各国からの消費者団体などの訪問客と交流する

を汲《く》み上げ、根気《こんき》よくこつこつと積《つ》み上げてきました。

一九六〇年（昭和《しょうわ》三十五年）十一月、むめおが参議院本会議《さんぎいんほんかいぎ》で、緑風会《りょくふうかい》を代表して演説《えんぜつ》してから、「暮《く》らしを守る」行政《ぎょうせい》を専門《せんもん》に取《と》り組む省《しょう》を作《つく》り、各省《かくしょう》との連携《れんけい》がとれた省《しょう》として、新しく生活省《せいかつしょう》を設置《せっち》することを池田総理《いけだそうり》にあつく要望《ようぼう》したことは前述《ぜんじゅつ》したとおりです。

二〇〇九年（平成《へいせい》二十一年）。まだまだ奥《おく》むめおの生活省《せいかつしょう》という理想には程遠《ほどとお》いものがありますが、とにかく念願《ねんがん》の消費者庁《しょうひしゃちょう》が生まれました。その道のりの遠かったこと、じつに半世紀《はんせいき》、五十年もの歳月《さいげつ》が流れていたのです。同時にこれは、奥《おく》むめおが百一歳《さい》九ヵ月で亡《な》くなってからすでに十二年も後《のち》のことでした。

むめおは、一九六五年（昭和《しょうわ》四十年）六月まで、参議院議員《さんぎいんぎいん》を三期、十八年間《かん》つとめあげました。このとき、「奥《おく》むめおを励《はげ》ます会」が開かれます。むめおはこの日から、主婦連合会《しゅふれんごうかい》の活動に専念《せんねん》していきます。七十歳《さい》でした。

消費者団体の国際的な連合組織IOCU
世界大会（於ロンドン）

十月、国民参政《こくみんさんせい》七十五周年《しゅうねん》。婦人参政《ふじんさんせい》二十周年記念会《しゅうねんきねんかい》で顕彰《けんしょう》を受《う》けます。

十一月、勲二等《くんにとう》に叙《じょ》せられ宝冠章《ほうかんしょう》を受けます。

一九八八年（昭和《しょうわ》六十三年）九十二歳《さい》、「卒寿《そつじゅ》の祝《いわ》い」と自伝《じでん》「野火《のび》あかあかと」の出版《しゅっぱん》を祝《いわ》う会が開かれました。

一九八九年（平成元年《へいせいがんねん》）九十三歳《さい》、主婦連合会名誉会長《しゅふれんごうかいめいよかいちょう》になります。

一九九四年（平成《へいせい》六年）十一月、九十八歳《さい》、「白寿《はくじゅ》を祝《いわ》う会」開催《かいさい》。

一九九五年（平成《へいせい》七年）七月、主婦会館名誉館長《しゅふかいかんめいよかんちょう》となります。

一九九七年（平成《へいせい》九年）七月七日、百一歳《さい》九ヵ月、脳動脈硬化症《のうどうみゃくこうかしょう》のため死去。

正四位《しょうしい》に叙《じょ》せられました。

# こぼれ話《ばなし》

むめおは理想にむかって邁進《まいしん》し、厳《きび》しく駆《か》け抜《ぬ》けた一生を送りました。が、一方に、ほのぼのとする話もたくさん残《のこ》っています。ここではそんなむめおの別《べつ》な一面を回想してみましょう。

口をそろえて主婦連合会創立《しゅふれんごうかいそうりつ》当時のことを熱《あつ》く語る日頃《ごろ》の会員たちの話、さらに「主婦《しゅふ》連合会《れんごうかい》の三十年記念《きねん》文集」を引用したり、会員たちと見たり聞いたりした話です。

## 家内《かない》が家外《かがい》になってしまった話

日用品試験室《しけんしつ》で次々と不良品《ふりょうひん》を公表していた高田《たかだ》ユリの主婦連《しゅふれん》との関《かか》わりは、彼女《かのじょ》の夫が、新聞記者として主婦連合会《しゅふれんごうかい》の取材《しゅざい》に通っているうちにうまれました。夫は共鳴《きょうめい》し妻に手助けさせようとします。共立薬科《きょうりつやっか》大学の助教授《じょきょうじゅ》だったその妻《つま》は、はじめはあまり乗り気ではなかったのですが、とうとう説得《せっとく》されてしまいます。

しかし、日用品試験室《しけんしつ》での高田《たかだ》ユリの活躍《かつやく》はめざましく、後《のち》に主婦連合会《しゅふれんごうかい》の副会長《ふくかいちょう》にまでなってしまったのでした。

また、細川《ほそかわ》かうは、夫《おっと》が主婦連合会《しゅふれんごうかい》の印刷物《いんさつぶつ》やデザインを担当《たんとう》しているうちに、熱心《ねっしん》なファンになり、妻《つま》を引き込《こ》みました。まもなく、かうは、主婦連合会《しゅふれんごうかい》の埼玉県《さいたまけん》の活動には大切な人になって県会議員《ぎいん》にも選ばれます。

このように最初、主婦連合会《しゅふれんごうかい》へ誘《さそ》ったのは夫《おっと》たちでしたが、やがて「家内が家外になってしまった」と嘆《なげ》かせることにもなったのです。

むめおはさらに、藤田孝子《ふじたたかこ》、針木《はりき》ふさえ等の県会議員《ぎいん》、区会議員《ぎいん》を、主婦連合会《しゅふれんごうかい》の中から応援《おうえん》して輩出《はいしゅつ》させています。

## 会員宅《かいいんたく》で詫びるむめお

むめおには「私《わたくし》時間」はなかったようです。暇《ひま》をつくっては、杉並《すぎなみ》方面へ、文京区《ぶんきょうく》へ千葉《ちば》へと会員宅を足しげく訪問《ほうもん》していました。会員の家族や、夫《おっと》たちに挨拶《あいさつ》するためです。

このようなときには、「主婦連《しゅふれん》の活動のために、お宅《たく》の奥《おく》さんをお借《か》りして、いつも留守《るす》にばかりして、皆《みな》さん、さぞ、ご迷惑《めいわく》なことだと申し訳《わけ》ないと思っています。スンマシェン」と、いつもの福井弁《ふくいべん》が出るのでした。

こうなると不思議《ふしぎ》なことに、家族一同が主婦連《しゅふれん》の活動に理解《りかい》をしめし、子どもたちも母の留守《るす》に夕飯《ゆうはん》をつくったりして協力《きょうりょく》するようになっていきました。

男の子ばかり三人のKさん宅《たく》では、お母《かあ》さんの留守《るす》にわかめの味噌汁《みそしる》を作ったところ、乾燥《かんそう》ワカメを一袋《ひとふくろ》、みんな鍋《なべ》に入れたので、ふえたワカメは鍋《なべ》からむくむくともりあがってきました。三人のぼうやたちはびっくり。ハサミでワカメを切ったという、おかあさん会員の話に、事務局《じむきょく》は、朝早くからみんなで笑《わら》いころげたこともありました。

## 「奥様《おくさま》に……よろしく」の心遣《こころづか》い

一九五五年（昭和《しょうわ》三十年）頃《ごろ》、いよいよ主婦会館建設《しゅふかいかんけんせつ》が本決まりになると、会員たちは、建設《けんせつ》の資金《しきん》を集めようと夢中《むちゅう》になって四方に散《ち》り、募金《ぼきん》活動を始めました。地区の会員はそれぞれ人づてを頼《たよ》り、知人を介《かい》してお願《ねが》いにまわりました。

ある会員が寄付《きふ》を頼《たの》みそびれているのを聞いていたむめおは、

「日本の主婦《しゅふ》のためですから、どうぞ奥様《おくさま》によろしくお願《ねが》いしてください」

と書いた手紙を、彼女《かのじょ》よりも先に、その知人の伯父《おじ》に託《たく》してあったと聞いています。いつもは厳《きび》しくむめおに叱《しか》られていた会員は、その心遣《こころづか》いを喜《よろこ》び、感動し、もっと、たくさんの建設《けんせつ》の資金《しきん》を集めてがんばらなければいけないと、感激《かんげき》したそうです。

## うわさばなし

ある会員は、主婦連合会《しゅふれんごうかい》本部に通いつめているうちに、つい、心安く無駄口《むだぐち》も多くするようになっていました。

「先生、こうなんですよ」

と、その会員がうわさ話をすると、

「そんな、くだらないことを言ってる暇《ひま》があったら、市場調査《ちょうさ》にいってらっしゃい。あなたの口が腐《くさ》りますよ。私はそんな話を聞く耳は持っていません」

彼女《かのじょ》はとても恐縮《きょうしゅく》して、こそこそと街《まち》へ物価《ぶっか》の調べに行ったのでした。

## つらいお使《つか》い

暮《く》れも押《お》し詰《つ》まった寒い日のことでした。会員二人は静岡《しずおか》の農協《のうきょう》へ、お正月のみかんを共同購入《きょうどうこうにゅう》しようと仕入れの交渉《こうしょう》に行きました。ところが静岡《しずおか》の農協《のうきょう》からは、

「こんな年末《ねんまつ》になって、今頃《いまごろ》来ても、もう、ないよ」

といわれます。それでもなんとか無理《むり》に願《ねが》って、やっとの思いでトラック二台分のみかんの共同購入《きょうどうこうにゅう》の段取《だんど》りが調いました。

二人《ふたり》は大喜《おおよろこ》びで意気揚々《ようよう》と、汽車に乗って主婦連《しゅふれん》本部に帰り着きました。疲《つか》れも忘《わす》れて、うきうきしていた彼女《かのじょ》たちが「ご苦労《くろう》さん」というむめおのほめ言葉を期待していると、

「今日中《きょうじゅう》に、足袋《たび》の組合にお正月用の足袋《たび》の出荷《しゅっか》を頼《たの》んできてください」

これを聞いた彼女《かのじょ》たちは顔を見合わせ、夜道をとぼとぼと重い足を引きずって足袋《たび》組合

を探《さが》し歩きました。折しも降り出した師走《しわす》の雨は氷雨《ひさめ》となっていました。

「お使いはつらいわね。奥《おく》先生のお気持ちはわかるけれど、やっぱりあの行動力と企画《きかく》のテンポには付《つ》いていけないわ」

むめおの頭の中には次々とアイデアが湧《わ》いてくるので、ちょうど顔を合わせた会員だれかが、いつもそれを担《にな》うことになってしまいます。

## 筆まめな人でした

主婦会館《しゅふかいかん》の館長室に入ると、むめおは少しの時間でもほっとソファに座《すわ》ることはなく、すぐに机《つくえ》に向かい原稿《げんこう》や手紙を書きます。移動中《いどうちゅう》の車の中でも、原稿《げんこう》やハガキを書きあげていました。

アイデアが浮《う》かぶとすぐにどこにいても、すらすらと書いてしまい、それらは国会の演《えん》説原稿《ぜつげんこう》や「主婦連《しゅふれん》たより」の巻頭言《かんとうげん》になっていきます。

こうして書かれたむめお直筆《じきひつ》の手紙をもらった人たちの喜《よろこ》びようは、大変《たいへん》なものでした。万年筆の極太《ごくぶと》の筆跡《ひっせき》がくっきりあざやかなこの手紙をもって、隣近所《となりきんじょ》に見せ歩いたそうです。

## 地方講演《こうえん》

主婦連合会《しゅふれんごうかい》の勉強会は東京《とうきょう》の主婦会館《しゅふかいかん》で開かれます。いつも、県の婦人《ふじん》会長が代表で出かけてきて、地元に帰ると、主婦連合会《しゅふれんごうかい》会長のむめおの話《はなし》や、運動状況《じょうきょう》や、東京《とうきょう》の熱気《ねっき》を会員たちに聞かせていました。

地方で講演会《こうえんかい》を計画すると、会員たちはみんな、ポスターや写真だけのむめおしか知りませんので、「あの奥《おく》むめお先生の話を聞こう」と学校の体育館、公会堂《こうかいどう》、会長宅《かいちょうたく》などに押《お》し寄《よ》せてきました。

むめおの話は地方の会員たちには珍《めずら》しいことばかりで、目を輝《かがや》かせて聞き入りました。馬肉いりの缶詰《かんづめ》に牛の絵《え》が描《えが》いてあったうそつき缶詰《かんづめ》をやめさせた話、小売店が秤《はかり》を調節して目方《めかた》をごまかした話、国会の活動、アメリカの家庭の暮《く》らし方などです。

講演《こうえん》が終わってからも大変《たいへん》でした。まるでアイドルグループへの応援《おうえん》のように、声がかかったり、握手《あくしゅ》を求《もと》めて出口を塞《ふさ》ぐほどでした。

こうして講演《こうえん》依頼《いらい》があると、北海道《ほっかいどう》から九州《きゅうしゅう》まで日本全国に、すぐに出かけていきました。

地方の湧《わ》き上がるような支持者《しじしゃ》のこの熱気《ねっき》こそ、七十万票《ひょう》の支《ささ》えになっていったのでしょう。

## 寝台《しんだい》列車の花飾《はなかざ》り

一九六〇年（昭和《しょうわ》三十五年）頃《ごろ》は飛行機《ひこうき》の便《べん》もあまりよくなく、長崎《ながさき》までは寝台《しんだい》列車「さくら」で二十四時間という時代でした。むめおはよく、地方の講演《こうえん》旅行には寝台《しんだい》列車を使いました。

しかしむめおは、夜行の寝台《しんだい》列車は苦手《にがて》でした。細かいことには頓着《とんちゃく》しないむめおのことですから、夜中の寝台《しんだい》列車では折々《おりおり》、迷子《まいご》になりました。そのために考えられたことは、来賓《らいひん》が胸《むね》に付《つ》ける大きな花飾《はなかざ》りを、むめお用の指定席《していせき》ベッドのカーテンにつけて目印にすること。むめおは大変《たいへん》喜《よろこ》んだものです。

## 旅先でも、洗濯《せんたく》

地方への講演《こうえん》旅行の予定は四、五日、一週間と続《つづ》きました。大会場《だいかいじょう》の講演会《こうえんかい》が終わると、婦人会《ふじんかい》の役員たちは、むめおを囲《かこ》んでの座談会《ざだんかい》を楽しみにしていたものです。その夜もにぎやかな懇親会《こんしんかい》が終わり、会長たちは引き揚《あ》げていきます。

さあ、これから、一仕事です。七十歳《さい》ちかいむめおは、疲《つか》れも見せずに、夜の宿で白い足袋《たび》と下着の洗濯《せんたく》です。いとも手馴《てな》れた気安い手順《てじゅん》でさっさと洗《あら》い上げてしまうのです。翌朝《よくあさ》七時頃《ごろ》にはもう、次の講演《こうえん》会場の婦人《ふじん》会長さんたちが車で迎《むか》えに来ます。大急《おおいそ》ぎで荷物《にもつ》の整理をして、乾《かわ》かない洗濯物《せんたくもの》は日増《ひま》しに重くなっていきます。

このならわしは、新婦人協会《しんふじんきょうかい》時代からでした。

仕事でも家事でも、すべて、今日のことは今日中《きょうじゅう》に片付《かたづ》けなければ運動の支障になったという、生活の知恵《ちえ》であり、体が覚《おぼ》えたものでしょう。

## 着物のはなし

むめおが若《わか》かった職業婦人社時代《しょくぎょうふじんしゃ》、セツルメント時代には、運動のために電車賃《でんしゃちん》にも事欠《ことか》きましたから、自分の着る着物にはこだわりませんでした。というよりは、こだわる気持ちがなかったのだと思います。張《は》り板に糊付《のりづ》けして洗《あら》い張《は》りをし、夏は単衣《ひとえ》に仕立て、冬になるとその単衣《ひとえ》や浴衣《ゆかた》を二枚《にまい》組み合わせて、自分《じぶん》で袷《あわせ》に仕立《した》て直《なお》して着ていたこともあります。

けれどもそんなむめおも一九五四年（昭和《しょうわ》二十九年）頃《ごろ》になると新生活運動にのめりこみます。冠婚葬祭《かんこんそうさい》にお金をかけないことや、生活の合理化をすすめるというこの運動は、むめおのめざすものでもありました。

「私《わたし》たちの新生活展」や、「新生活推進全国主婦大会《すいしんぜんこくしゅふ》」を開催します。むめおはさらに、新生活運動を推進《すいしん》するために「新しい着物」を発表します。さっそくそれを着てパーティーや結婚式《けっこんしき》にも出かけました。

周《まわ》りの来賓《らいひん》は絢爛豪華《けんらんごうか》な衣装《いしょう》、しかしむめおの、紺色《こんいろ》に銀糸で折《お》り鶴《づる》の縫《ぬ》い取りのあるその着物は、厚地化繊《あつじかせん》の裏無《うらな》し。しかも上下が分かれている新生活運動推進《すいしん》のモデル和服でした。

むめおはこれをよく愛用《あいよう》し、結婚《けっこん》式場にも着ていき、化繊製品《かせんせいひん》であることをかえって誇《ほこ》らしげに説明《せつめい》していました。着物にこだわる人たちがはらはらと見守る傍《かたわら》で、見劣《みおと》りもせず、凛《りん》として誠《まこと》に不思議《ふしぎ》な魅力《みりょく》がかもし出され、会場の人々を煙《けむ》に巻《ま》いていたようでした。むめおはこうした新しい発想で人々を驚《おどろ》かせます。

むめお自身が、ファッション・ショーをすると、笑《わら》いの渦《うず》と賞賛《しょうさん》が湧《わ》きます。魔法使《まほうつか》いの手品を見るようで観客《かんきゃく》は大喜《おおよろこ》びでした。地方の婦人会《ふじんかい》では、「教《おし》えてください」「貸《か》してください」と、いつも大変《たいへん》な反響《はんきょう》がありました。

しかし、そんなむめおにもむめおらしいおしゃれの趣味《しゅみ》がありました。ジャミジャミとした柄《がら》は嫌《いや》だといい、粋《いき》な縞柄《しまがら》を好《この》んで着て、なかなか妥協《だきょう》はしませんでした。気にいった着物をさがすのも楽しみだったようです。

むめおの外国旅行は、国会議員《ぎいん》として、生活協同《きょうどう》組合副《ふく》会長として、四回、都合《つごう》二十か国を訪問《ほうもん》しています。三か月にも及《およ》ぶ外国旅行中も、白い足袋《たび》を履《は》いていき、襦袢《じゅばん》の半襟《はんえり》を付《つ》け替《か》えて、終生、和服を着とおしました。

よそ目にもその着付《きつ》けは凛《りん》として、しっくりとしかも、ゆったりと身についていて、ほっとするものがありました。急ぎ足で院内を歩くとき、爽《さわ》やかにしゃきしゃきと衣擦《きぬず》れの音がして、その足さばきは見とれるほどでした。

## ドーナツ・クラブ

にぎやかなことが好《す》きだったむめおは、主婦会館《しゅふかいかん》に出入りしている新聞記者、広告《こうこく》会社の人、営業《えいぎょう》の人、花屋、写真屋などの若《わか》い人たちを誘《さそ》って、若者《わかもの》のグループをつくろうと考えます。

主婦連事務局《しゅふれんじむきょく》の若《わか》い五人が中心になって、そのグループを企画運営《きかくうんえい》することになりました。

彼女《かのじょ》たち五人娘は、口角泡《こうかくあわ》を飛《と》ばしという言葉どおり、夜中まで企画《きかく》に夢中《むちゅう》になっていきました。この娘《むすめ》たちはむめおを「コワイ、コワイ」といいながらも、みんな傾倒《けいとう》していましたから、楽しんでこの仕事を夜中までもできたのだと思います。

いつの間にかこの集まりを伝《つた》え聞いた人たちが、二百人ほどになっていきました。むめおはパンの会社に頼《たの》んで、この人たちに供するために毎月五百個のドーナツを寄付《きふ》してもらいました。会の名称《めいしょう》はそのままのドーナツ・クラブ。

このドーナツ・クラブの集まりがある日には、主婦会館《しゅふかいかん》の空《あ》き部屋《べや》を開放して、会員たちはさまざまな活動をしました。音楽グループ、絵画グループ、読書グループ、山登りグループなどです。大ホールはダンス・パーティに無料《むりょう》で貸《か》し出されました。ハイキングにも出かけました。

明るく楽しい集まりからは、いつしか会員どうしが意気投合して結婚《けっこん》し、子ども連《づ》れで参加《さんか》することもありました。

こんなとき、むめおは、必《かなら》ず教室やホールに現《あらわ》れて、機嫌《きげん》よく声をかけます。この集《つど》いをむめお自身も、たいへん楽しみにしていたようでした。

# 電話のこと

前記の主婦連《しゅふれん》五人娘《むすめ》が会議中《かいぎちゅう》のある日のことです。突然《とつぜん》テーブルの真ん中にあった電話が鳴りました。彼女《かのじょ》たちは全員さっと立ち上がり、五人の手が一斉《いっせい》に受話器《じゅわき》に伸《の》びます。そのとき同席《どうせき》していた新聞記者は、その勢《いきお》いにあおられて彼《かれ》も立ち上がり、呆然《ぼうぜん》としてしまいました。ややあって、彼《かれ》は言いました。

「主婦連《しゅふれん》ってすごいなあ。底力《そこぢから》を感じるよ」

主婦連合会《しゅふれんごうかい》というところ、主婦会館《しゅふかいかん》というところは、建物中《たてものじゅう》にそういう雰囲気《ふんいき》がぴちぴちと満《み》ち溢《あふ》れていたものでした。

「仕事はすべて自分の仕事として、責任《せきにん》を背負《せお》うべきもの」というむめおの理念《りねん》を汲《く》み取って、だれもが心をこめてやりとげる活力と熱気《ねっき》があふれていたのでした。

忙《いそが》しい「主婦連《しゅふれん》たより」発送の日には、だれもが少しの空《あ》き時間でも主婦連合会《しゅふれんごうかい》に顔を出して、手伝《てつだ》いましたし、帯封《おびふう》の輪転機《りんてんき》を回しましたし、トイレが汚《よご》れているのを見た人は、お掃除《そうじ》のおばさんを呼《よ》ばずに自分で掃除《そうじ》もしました。

主婦連合会《しゅふれんごうかい》、主婦会館《しゅふかいかん》という所はそういうところでした。いつもむめおの生き方が熱《あつ》く流れていたのでした。

## 聖徳太子《しょうとくたいし》の仇名《あだな》を奉《たてまつ》る

主婦連合会《しゅふれんごうかい》の会員たちも、むめおの頭の回転にはついていけないと、おおいに困惑《こんわく》し、悲鳴をあげていたものでした。仕事に向かう姿勢《しせい》が違《ちが》うのです。

前記の主婦連《しゅふれん》五人娘《むすめ》がむめおに奉《たてまつ》ったあだ名は「聖徳太子《しょうとくたいし》」。事務連絡《じむれんらく》の話を聞きながら、手紙を書き、同時に次の仕事を指示《しじ》し、待たせている来客に気をつかい、すべて同時進行でした。

「奥《おく》さん、ぼくにもその彼女《かのじょ》、貸《か》してよ」

参議院《さんぎいん》は貴族院《きぞくいん》時代の風潮も残り、参議院《さんぎいん》の院内は控《ひか》え室から出たら、きちんとした装《よそお》いでいなければなりませんでした。当時はことに厳《きび》しく、上着を着用し、女性《じょせい》のノー・スリーブは許《ゆる》されませんでした。

そんな中で、むめおは夏の真っ盛《さか》りにもいとも涼《すず》しげに、しゃきしゃきと裾《すそ》さばきの音が聞こえるほど颯爽《さっそう》と院内の廊下《ろうか》を歩いていました。院内での緑風会《りょくふうかい》の穏《おだ》やかな空気とすっかりなじんでいました。

ところがそんなむめおが、足を悪くして、しばらく歩くことが大儀《たいぎ》なことがありました。秘書《ひしょ》は三歩下がって歩くべき参議院内《さんぎいんない》でしたが、このとき秘書《ひしょ》は、和服の袖《そで》をカバーにしてむめおを抱《かか》えてなにごともない様子で、二人《ふたり》はにこにこと会話して歩いていました。

しかし議員《ぎいん》と腕《うで》を組む。秘書《ひしょ》がこんな姿《すがた》で赤いじゅうたんを歩くなど、とんでもないことだったのです。

当時、大蔵大臣《おおくらだいじん》だった田中角栄《たなかかくえい》は、非常識《ひじょうしき》と見《み》とがめたのでしょうか。

「奥《おく》さん、ぼくにもその彼女《かのじょ》を貸《か》してよ」

むめおは何食わぬ顔で、

「あら、田中《たなか》先生、いつでもどうぞ」

とすました顔でした。

## 「遊《あそ》んでいらっしゃい」は仕事

むめおは講演会《こうえんかい》で地方に行くと、たまに「遊んでいらっしゃい」と供《とも》の者を解放《かいほう》するのですが、これが大変《たいへん》です。

仕事として何箇所《なんかしょ》もたくさん見物し、支持者《しじしゃ》を訪問《ほうもん》し、その町の市場調査《ちょうさ》や環境《かんきょう》を観察《さっ》しなければなりませんでした。

むめおの「遊んでいらっしゃい」は、「自由に仕事をしていらっしゃい」ということなのでした。海を見たり、お寺に参《まい》ったりすることは「ついでに」なのでした。

## 静養《せいよう》中のこと

任期満了《にんきまんりょう》でむめおが参議院議員《さんぎいんぎいん》を辞《や》めてしばらくした頃《ころ》、長年の疲《つか》れが出たようで、入退院《にゅうたいいん》を繰《く》り返していた時期がありました。

しかし、むめおの娘《むすめ》の紀伊《きい》や長年むめおの身の回りを世話してきた森美津子《もりみつこ》に看取《みと》られて、だんだんに健康《けんこう》を取《と》り戻《もど》していきました。

森美津子《もりみつこ》の実家の姉《あね》や弟《おとうと》は、むめおを親のように大切に静養《せいよう》させてくれました。春は満《まん》開《かい》の桜《さくら》や、山菜採《さんさいと》りに、紅葉《こうよう》を愛《め》で、秋はきのこ採《と》りに、さらに海が近いので川を遡上《そじょう》してくる鮭《さけ》をご馳走《ちそう》になり、毎年、一ヶ月も二ヶ月も心をこめて逗留《とうりゅう》させてもらいました。むめおにとってありがたく、大切な人々でした。

森美津子《もりみつこ》の郷里《きょうり》は東北《とうほく》の美《うつく》しい町《まち》で、むめおはまことにおだやかな静養《せいよう》の日々を送ることができました。おかげでぐんぐん元気になっていきました。

この森美津子《もりみつこ》の親身の介護《かいご》のおかげで、むめおはその後、会員たちに手をあげてにっこり笑《わら》い、百歳《さい》まで、主婦連合会《しゅふれんごうかい》の会合にも出かけられるようになったのです。

## 参考資料

＊参議院本会議・決算委員会・予算委員会・議事録
＊「私の履歴書第六集」日本経済新聞社（昭和三十三年）
＊「あけくれ」奥むめお著　ダヴィッド社（昭和三十二年）復刻版　日本図書センター（平成九年）
＊「野火あかあかと　奥むめお自伝」奥むめお著　ドメス出版（昭和六十三年）
＊雑誌「婦人運動」職業婦人社（大正十四年〜昭和十六年）復刻版　不二出版（平成二年）
＊「人物女性運動史」明治・大正・昭和のあゆみ　金森トシエ著　労働教育センター（一九八〇年）
＊「女性同盟」（全十五冊、別冊一）新婦人協会機関雑誌（大正九年〜）復刻版　ドメス出版（一九八五年）
＊シリーズ「福祉に生きる　34　奥むめお」中村紀伊著　大空社（一九九九年）
＊「平塚らいてう」日野多香子著　草土文化社（一九八九年）
＊「元始、女性は太陽であった」全四巻　平塚らいてう自伝　大月書店
＊「だいこんの花・・市川房枝随想集」市川房枝著　新宿書房（昭和五十四年）
＊「新婦人協会の研究」折井美那子・女性の歴史研究会、編、著（ドメス出版）
＊「歩み」主婦連二十五周年・三十周年・五十周年・六十周年記念
＊「三十周年・記念文集」
＊消費のちえ（かしこい主婦になるために（一〜七）
＊「続社会事業に生きた女性たち」五味百合子編著　ドメス出版（昭和五十五年）
＊「女の気持ち三〇年」女性―自立　毎日新聞大阪本社学芸部編　新評論（一九八七年）

# 「奥《おく》むめおものがたり」に寄《よ》せて

児童文学作家　日野多香子

月の明《あか》るい晩《ばん》、銀色《ぎんいろ》の光の糸《いと》を伝《つた》って、魔女《まじょ》が月から地上《ちじょう》におりてくる美《うつく》しい話。野良《のら》猫《ねこ》が太平洋《たいへいよう》の真《ま》ん中《なか》で釣《つ》りをしているコミカルで面白《おもしろ》い話。古川美奈子《ふるかわみなこ》さんが作る童話《どうわ》は、どれもファンタジックで楽《たの》しく、その発想《はっそう》の奇抜《きばつ》さに、引《ひ》き込《こ》まれていました。

その古川さんが、あるとき言い出しました。

「わたしには、どうしても書きたい人があります。奥《おく》むめお先生です」

聞けば古川さんは、奥《おく》むめおが、参議院議員《さんぎいんぎいん》として、緑風会《りょくふうかい》で活躍《かつやく》していたとき、ずっと彼女《かのじょ》の国会《こっかい》での秘書《ひしょ》を勤《つと》めていたとのこと。

こうして生まれたのが今回《こんかい》のこの作品です。一読《いちどく》して、わたしは目を見張《みは》りました。古川さんのむめおに対《たい》する思いの深《ふか》さと、あの当時《とうじ》の社会《しゃかい》へのまなざしの確《たし》かさにうたれたのです。更《さら》にここには、近くにいたからこそじかに伝《つた》わってきたであろうむめおの実像《じつぞう》があります。

雪深《ゆきぶか》く、封建色《ほうけんしょく》が強《つよ》かった、福井《ふくい》に生まれ、やがて上京《じょうきょう》して、日本女子大学《にほんじょしだいがく》に学ぶ。その後、平塚《ひらつか》らいてうや市川房枝《いちかわふさえ》と親《した》しくなり、ともに、近代における日本女性の意識《いしき》や地位の向上《こうじょう》の為《ため》に力を尽《つ》くします。この心がこの作品からは熱《あつ》く伝《つた》わってきます。

近代日本女性の意識《いしき》や地位を向上《こうじょう》させる仕事、それは決《けっ》して容易《ようい》ではありませんでした。むめおはそれらを、大上段《だいじょうだん》にふりかぶることなく、あくまでも一般主婦《いっぱんしゅふ》の目線《めせん》でやりとげていきます。

やがて多くの女性《じょせい》は目覚《めざ》めて、彼女《かのじょ》の周《まわ》りに集《あつ》まり始《はじ》めます。

この作品を読むと、そんな一女性の先駆的《せんくてき》な活動《かつどう》と、苦難《くなん》の歩《あゆ》みが伝《つた》わります。

更《さら》に、そのような時代背景《じだいはいけい》や、次第《しだい》に近代化《きんだいか》されていった女性たちの姿《すがた》までもが、余《あま》すことなく伝《つた》わってくるのです。

この作品が、少年少女のみならず、より多くの人々の目に触《ふ》れていくことを願《ねが》って止《や》みません。

# あとがき――奥《おく》先生と私――

私は長い間、「奥《おく》むめお先生」を書かなければならないと、義務《ぎむ》を背負《せお》っているような気持ちで暮らしてきました。いつかは、いつかはと思いながら、ふと、気がつきましたら、奥《おく》先生の許《もと》を辞《じ》してから、とても長い時間が経過《けいか》していました。

しかし、過ぎてしまったこの多くの年月は、私事《わたくしごと》で恐縮《きょうしゅく》ですが、姑《しゅうとめ》、義姉《ぎし》、夫と、ずっと絶《た》えずに続《つづ》いての介護生活《かいごせいかつ》の中にいて、私《わたし》は身動《みうご》きできずにきたのでした。それでも、二〇一一年三月十一日の、あの東日本大震災《ひがしにほんだいしんさい》の恐怖《きょうふ》が日本中を襲《おそ》ったことが、「奥むめおものがたり」を書く契機《けいき》となりました。

東京に住んでいて、なにも実害《じつがい》がなかったはずの私にも、テレビで報道《ほうどう》される惨状《さんじょう》はあまりにも衝撃的《しょうげきてき》なものでした。以前に訪れた宮沢賢治のイギリス海岸のきらめく美しい海はこの日、猛《たけ》り狂い、蠢《うごめ》き立ち上がる黒い壁となって町に村に襲いかかり、すべてをのみこんでいきました。

そこに先祖《せんぞ》からずっと生きてきた人々の、きのうまでの平穏《へいおん》な営みが、命が、忽然《こつぜん》と消滅してしまったのです。この呆然《ぼうぜん》とするばかりの喪失感《そうしつかん》と恐怖《きょうふ》とが私を動かしてくれたのでした。

この夜、私は気負《きお》い立《た》ちました。

「こうしてはいられない、私にはどうしてもしなければならない仕事がある」

その前日《ぜんじつ》、三月十日は私の誕生日《たんじょうび》でした。あの惨劇《さんげき》を目《ま》の当《あ》たりにした今だからこそ、どうしても今年中に「奥《おく》むめおものがたり」の宿題《しゅくだい》を完成《かんせい》させたいと、強い決心《けっしん》をし、翌日《よくじつ》の三月十二日から書き始《はじ》めました。

毎日、夜《よ》が更《ふ》けると、やっと得《え》た自分の時間を楽《たの》しみに、一年を目標《もくひょう》に書き積《つ》み重《かさ》ねてきました。けれどもまた、もう一方《いっぽう》で、今なお逃《のが》れられない介護《かいご》の現実《げんじつ》の焦燥感《しょうそうかん》も書き続《つづ》ける原動力《げんどうりょく》になったと思っています。

一九五九年(昭和三十四年)、四谷《よつや》の土手《どて》に若《わか》い緑《みどり》がまぶしい初夏《しょか》の午後《ごご》、私は、奥《おく》むめお先生をお訪《たず》ねして、初めて主婦会館《しゅふかいかん》の館長室《かんちょうしつ》にうかがいました。不思議《ふしぎ》なご縁《えん》なのでしょうか、この主婦会館《しゅふかいかん》の地は、私が生まれてから小学校を卒業するまでの十三年間育った、忘《わす》れられない麹町六番町《こうじまちろくばんちょう》という土地でもありました。そして、その後、太平洋戦時中《たいへいようせんそうちゅう》に山形《やまがた》に疎開《そかい》し、また、十三年の年月《としつき》が過《す》ぎていました。この日、すっかり田舎者《いなかもの》になっていた私は、初《はじ》めての奥《おく》先生との面接《めんせつ》になり、おどおどしていました。

このときは、第五期《だいごき》参議院《さんぎいん》議員選挙《せんきょ》、奥《おく》先生にとっては三回目《さんかいめ》の参議院《さんぎいん》議員選挙後《せんきょご》で、全国《ぜんこく》の有権者《ゆうけんしゃ》から約《やく》六十一万票余《ひょうよ》を獲得《かくとく》して当選《とうせん》なさったばかりでした。

奥《おく》先生は、事務職員《じむしょくいん》の連絡《れんらく》や報告《ほうこく》を聞《き》きながら、指示《しじ》を与《あた》え、私にも気を遣《つか》ってくださりながら、手は休めることなく、ぐいぐいと書き物をしていらっしゃいました。

聖徳太子《しょうとくたいし》は一度に十人の話を聞くと子《こ》ども心《ごころ》に聞いていたものですから、奥《おく》先生のこの仕事をなさる様子《ようす》に私は、聖徳太子《しょうとくたいし》のようだと驚《おどろ》いていたのでした。

間《ま》もなく「いらっしゃい」と張《は》りのある声と、急《いそ》ぎ足《あし》のさらさらという和服《わふく》の裾《すそ》さばきが聞《き》こえて、奥《おく》先生は、選挙ポスターでお目《め》にかかっていたとおりのしゃきっとした姿《すがた》でソファに座《すわ》られました。

対座《たいざ》しているうちに、ゆったりとした着付《きつ》けでありながらも、その和服姿《わふくすがた》は凛《りん》としてまぶしく、六十四歳《さい》とは思えない楚々《そそ》とした若《わか》やぎをおぼえました。

選挙後《せんきょご》のまだ日焼《ひや》けしたお顔でしたが、それでもやはり全身《ぜんしん》から溢《あふ》れ出《で》る不思議《ふしぎ》な意志《いし》の華《はな》やぎも見えて、どことなく紫 色《むらさきいろ》の花びらを広《ひろ》げたテッセンを思《おも》い浮《う》かべ、私《わたし》にはその印 象《いんしょう》が鮮《あざ》やかに残《のこ》りました。

確《たし》かに、今、ここに座《すわ》っていらっしゃる存在感《そんざいかん》は重《おも》く、不思議《ふしぎ》な魅 力《みりょく》と信頼《しんらい》感が漂《ただよ》う、このカリスマ性《せい》が選挙《せんきょ》で得《え》た約《やく》六十一万票《ひょう》余《よ》となったものだと、ただただ圧倒《あっとう》されていたことを覚《おぼ》えています。

こうして、私の秘書《ひしょ》としての生活《せいかつ》が始《はじ》まりました。

私がおそばに置《お》いていただいた八年間の時期《じき》は、奥《おく》先生が参議院議員《さんぎいんぎいん》の三期目《さんきめ》、主婦連《しゅふれん》合会《ごうかい》の運動《うんどう》も八年目、主婦会館《しゅふかいかん》も完成《かんせい》して三年目という誠《まこと》に油《あぶら》の乗《の》りきった時期《じき》でした。ぴちぴちと活気《かっき》に溢《あふ》れ、みんなが心を一つに運動《うんどう》に燃《も》え、充実《じゅうじつ》していたまさに黄金期《おうごんき》でした。

国会活動《こっかいかつどう》も華々《はなばな》しく、プロローグに書いたドラマがあった時期《じき》です。主婦連合会《しゅふれんごうかい》も連《れん》日《じつ》、調査《ちょうさ》や、おしゃもじを持ってのデモ行進《こうしん》に出かけ、一方、役所《やくしょ》や業者《ぎょうしゃ》に陳情《ちんじょう》や要望《ようぼう》に駆《か》け回《まわ》っていたのでした。

当時《とうじ》の国会活動《こっかいかつどう》も深夜国会《しんやこっかい》が続《つづ》き、秘書《ひしょ》は夜の十一時過《じす》ぎにも、赤《あか》いじゅうたんを連絡《れんらく》に走《はし》り回《まわ》り、徹夜《てつや》も珍《めずら》しいことではありませんでした。

また、主婦連合会《しゅふれんごうかい》の全国大会《ぜんこくたいかい》のときは、地方《ちほう》の会員《かいいん》が主婦会館《しゅふかいかん》に宿泊《しゅくはく》します。私は、このチャンスに、地方《ちほう》の会員《かいいん》さんたちと親《した》しくなり、活動《かつどう》や実情《じつじょう》や不満《ふまん》を聞《き》き活動の資料にしました。こんなありさまで、ほとんど、深夜帰宅《しんやきたく》の生活でした。

至《いた》らない未熟《みじゅく》な秘書《ひしょ》でしたのに、奥《おく》先生には、大変可愛《たいへんかわい》がって頂き、ラブレターを頂いたこともあります。ある日、若《わか》かった私も、とうとう疲《つか》れて四日ほど眠《ねむ》りこけてしまい、欠勤《けっきん》しました。

「毎日、一時間でもいいから、顔を見せてください」

というラブレターをもって、私宅《したく》へ事務局《じむきょく》の人《ひと》が来《き》ました。これは大変《たいへん》と恐縮《きょうしゅく》して翌日《よくじつ》出勤《しゅっきん》すると、もうその日からまた深夜帰宅《しんやきたく》が始《はじ》まりました。

車《くるま》での移動《いどう》のときなど、折々奥《おく》先生からしみじみとした話《はな》しぶりの独《ひと》り言《ごと》が溢《あふ》れました。

「暮《く》らしの辛《つら》さは政治《せいじ》の悪《わる》さから来《く》るのですよ。政治《せいじ》に目を開《ひら》き、個人《こじん》がお互《たが》いにその身《しん》辺《ぺん》を省《かえり》みることが大切《たいせつ》だと思うのよ。お互《たが》いの工夫《くふう》の足《た》りなさですよ」

一呼吸《ひとこきゅう》おいてから必《かなら》ず、溜息混《ためいきま》じりに、

「ホントニ、ソウ、オモイマスヨ」

その声は数十年《すうじゅうねん》も経過《けいか》していて、なお鮮《あざ》やかに私の耳に響《ひび》いてくるのです。

奥《おく》先生が主婦連合会《しゅふれんごうかい》を創設《そうせつ》されてから今年はもう六十四年目になります。その間《かん》、主婦《しゅふ》連合会《れんごうかい》は連日《れんじつ》、激《はげ》しい運動《うんどう》を繰《く》り返《かえ》してきました。やっと、二〇〇九年に、消費者庁《しょうひしゃちょう》も生《う》まれはしました。けれども、一度は使用禁止《しようきんし》になり、規制《きせい》されたはずの人工甘味料《じんこうかんみりょう》なども、今はまた、ずるずると規制《きせい》が緩和《かんわ》されたりしてきていますし、食品問題《しょくひんもんだい》にも大きな事《じ》件《けん》が起きています。未《いま》だに、いたちごっこのような闘《たたか》いが続《つづ》いています。これはとても気がかりなことです。

お傍《そば》におりました私にも奥《おく》先生は折々想い出のエピソードやお考えなどをお聞かせくださいました。それらのことなども、今回、文中に使わせていただきました。更に、御著書《ごちょしょ》、年譜《ねんぷ》、主婦連合会《しゅふれんごうかい》の資料《しりょう》など多くのものを参考《さんこう》にさせていただきました。

この本をまとめるにあたりましては、たくさんの皆様《みなさま》にお心をかけていただき、お世話《せわ》になりました。

奥《おく》むめお先生ご長男《ちょうなん》　奥杏一《おくきょういち》氏《し》、ご長女《ちょうじょ》　中村紀伊《なかむらきい》さんにはご校閲《こうえつ》をいただき感謝申《かんしゃもう》し上げます。

お孫様《まごさま》の河村真紀子《かわむらまきこ》さんには殊《こと》のほかお世話《せわ》になりました。奥《おく》先生のご自身《じしん》のこと、また主婦連合会関係《しゅふれんごうかいかんけい》の記念《きねん》の貴重《きちょう》な資料《しりょう》、写真《しゃしん》などを快《こころよ》く貸してくださいました。膨大《ぼうだい》な資《し》料《りょう》の中からの煩雑《はんざつ》なお手数《てすう》をおかけいたしましたこと、厚《あつ》く御礼申《おんれいもう》し上げます。

主婦会館理事長《しゅふかいかんりじちょう》の清水鳩子《しみずはとこ》さん、いろいろとご配慮《はいりょ》いただきありがとうございました。また、もうお一人、熱《あつ》く感謝《かんしゃ》を申し上げなければならない方がいらっしゃいます。桜美《おうび》林大学《りんだいがく》アカデミーの児童文学講座《じどうぶんがくこうざ》でご指導《しどう》いただいております日野多香子先生《ひのたかこせんせい》です。

この一年の長《なが》い間《あいだ》、絶《た》えず真心《まごころ》のこもったお励《はげ》ましをいただきまして書《か》き続《つづ》けさせてくださいました。厳《きび》しい、繊細《せんさい》な、温《あたた》かいあのご指導《しどう》がなかったら、とてもとても完成《かんせい》できなかったと思います。叶《かな》わぬはずの夢《ゆめ》を現実《げんじつ》のものとして与《あた》えてくださいましたこと、心からの御礼《おんれい》を申《もう》し上《あ》げます。

そして、児童文学講座《じどうぶんがくこうざ》のお仲間《なかま》の皆様《みなさま》、温《あたた》かい励《はげ》ましをありがとうございました。

さらに、銀《ぎん》の鈴社《すずしゃ》、西野真由美《にしのまゆみ》さんには格別《かくべつ》な取《と》り計《はか》らいを頂《いただ》きました。また阿見《あみ》みどりさんにはさわやかな絵を、ありがとうございます。幻《まぼろし》の願《ねが》いが現実《げんじつ》となってこのような立派《りっぱ》な本にしていただくことが出来ましたこと、とても嬉《うれ》しく思っています。

こうしてまとめて見ますと、私《わたし》は奥《おく》先生から多くのことを教えられ、学んだことに気付《きづ》かされます。

先生ありがとうございました。

平成二十四年　テッセンの蕾《つぼみ》ふくらむ日

古川奈美子《ふるかわなみこ》

# 奥むめお　略年譜《りゃくねんぷ》

| | | |
|---|---|---|
| 1895（明28） | 10月24日 | 和田甚三郎、はまの長女として福井市に生まれる |
| 1908（明41） | 4月 | 福井県立高等女学校入学 |
| 1910（明43） | 11月3日 | 母、はま死去 |
| 1912（明45・大元） | 3月 | 福井県立高等女学校卒業 |
| | 4月 | 日本女子大学校家政科に入学 |
| 1916（大5） | 3月 | 日本女子大学校卒業 |
| | 4月 | 鎌倉で家庭教師 |
| 1918（大7） | 2月 | 父甚三郎死去 |
| 1919（大8） | 5月15日 | 雑誌「労働世界」の記者として労働同盟会員大会で演説 |
| | 5月25日 | 富士瓦斯紡績、本所太平町工場の女工となる |
| | | この年、奥栄一と結婚 |
| 1920（大9） | 3月28日 | 新婦人協会結成 |
| | | 平塚らいてう、市川房枝と3人で理事となる |
| | 6月22日 | 長男　杏一を出産 |
| | 10月 | 新婦人協会機関紙「女性同盟」創刊、編集にたずさわる |
| 1922（大11） | 3月 | 新婦人協会では、治安警察法第五条改正、及び花柳病男子の結婚制限に関する請願運動を始める |
| | 8月 | 早産で男児出産、しかし一週間後死去 |
| | 12月 | 新婦人協会解散 |
| 1923（大12） | 4月 | 職業婦人社設立 |
| | 6月1日 | 職業婦人社機関誌「職業婦人」発行 |
| | 9月1日 | 関東大震災　夫、栄一の郷里、和歌山新宮へ疎開 |
| 1924（大13） | 3月15日 | 長女　紀伊を出産、帰京 |
| | 4月 | 「職業婦人」を「婦人と労働」と改題 |
| 1925（大14） | 5月 | 「婦人問題十六講」（新潮社）出版 |

| | | |
|---|---|---|
| | 9月 | 「婦人と労働」を「婦人運動」と改題 |
| | 10月 | 西郊協働社に参加 |
| 1927（昭2） | 6月 | 関東消費組合連盟中央委員となり、婦人部長となる |
| 1928（昭3） | 5月19日 | 婦人消費組合協会結成、委員長となる |
| 1929（昭4） | 2月 | 「家の光」婦人委員 |
| 1930（昭5） | 2月 | 東京に産児制限相談所開設 |
| | 10月1日 | 東京、本所に婦人セツルメントを設立<br>総主事として託児部を中心に婦人の協同隣保事業を始める |
| 1931（昭6） | 1月 | 日本産児調節連盟結成、参加 |
| | 7月 | 堕胎法改正規制連盟結成に参加 |
| 1933（昭8）<br>～1935（昭10） | | 3月、7月、9月にかけて大阪、東京、福井に「働く婦人の家」を設立 |
| 1938（昭13） | 10月 | 婦人セツルメントを拡張し、母子ホームを併設 |
| 1939（昭14） | 11月 | 厚生省労務管理調査委員となる |
| 1941（昭16） | 8月15日 | 「婦人運動」廃刊 |
| | 8月 | 「花ある職場へ」（文明社）出版<br>（12月　太平洋戦争はじまる） |
| 1942（昭17） | 3月 | 「勤労女性と家庭」出版<br>この年、世田谷で「たかね道場」を開く |
| | 11月 | 「新女性の道」出版 |
| 1944（昭19） | | 「東京働く婦人の家」閉鎖・「婦人セツルメント」閉鎖 |
| 1945（昭20） | | （3月、5月東京大空襲）<br>（8月15日ポツダム宣言受諾） |
| | 11月 | 日本協同組合同盟設立、常任委員となる<br>この年　上野毛生活協同組合設立、理事長となる<br>（12月　婦人参政権実施） |
| 1946（昭21） | | （新憲法下、初の衆議院議員選挙、婦人議員39人当選） |

| | | |
|---|---|---|
| | | （11月、日本国憲法公布） |
| 1947（昭22） | 3月 | 国民協同党結成、婦人部長となる |
| | | 4月初の参議院議員選挙に立候補、当選、（婦人議員10人） |
| 1948（昭23） | 9月15日 | 主婦連合会結成、会長となる |
| | 9月 | 不良マッチ退治主婦大会 |
| | 12月10日 | 全国主婦総決起大会を開き物価値上げ反対を訴える |
| 1949（昭24） | 3月 | 「主婦の店」選定 |
| | 8月 | 米価審議会発足、委員に推される |
| | 9月 | 米価値上げ反対主婦大会 |
| 1950（昭25） | 11月 | 主婦連日用品審査部開設 |
| 1951（昭26） | 3月 | 日本生活協同組合連合会設立、副会長 |
| 1952（昭27） | 1月～2月 | イギリス政府の招きを受け、イギリス、ドイツ、スイス、デンマーク、スウェーデンへ視察旅行 |
| | 10月 | 参議院決算委員長 |
| 1953（昭28） | 4月 | 議員任期満了 |
| | | 第三回参議院議員選挙に当選 |
| 1954（昭29） | 2月 | 主婦連第一回新生活推進全国主婦大会主催、全国で新生活展、新生活コンクール開催 |
| 1955（昭30） | 7月～9月 | 生活協同組合代表団の一員として中国、ソ連視察 |
| | 12月 | 主婦連生活協同組合創立、理事長となる |
| 1956（昭31） | 5月 | 主婦会館完成　理事長となる |
| | 11月 | 「婦人会館を語る会」主催 |
| 1957（昭32） | 1月～2月 | 「私の履歴書」日本経済新聞連載 |
| | 2月 | 第一回全国消費者大会において消費者宣言を発表 |
| | 3月 | 「あけくれ」出版（ダヴィッド社） |
| 1958（昭33） | 7月～9月 | ブラジル、リオデジャネイロ市での列国議会同盟会議に代表で出席。その間アメリカ、メキシ |

| | | |
|---|---|---|
| | | コ、ペルー、チリ、アルゼンチン、ウルグアイ、ポルトガル、スペイン、西ドイツ、フランス、イタリア、エジプトを視察 |
| 1959（昭34） | 4月 | 主婦連第一回消費者ゼミナール開催 |
| | 6月 | 議員任期満了 |
| | | 第五回参議院議員選挙に当選 |
| 1960（昭35） | 4月 | 日本生産性本部の消費者教育研究視察団長として訪米 |
| | 10月 | 池田首相に生活省設置、物価安定対策の早急な実施、及び消費者行政の拡充を要望 |
| 1961（昭36） | 9月 | 全国婦人会館協議会結成、会長となる |
| 1965（昭40） | 6月 | 議員任期満了（3期18年）「奥むめおを励ます会」開かれる。 |
| | 10月 | 国民参政75周年・婦人参政20周年記念会で顕彰を受ける |
| | 11月 | 勲二等に叙され，宝冠章を受ける |
| 1988（昭63） | 9月 | 卒寿の祝いと自伝「野火あかあかと」出版（ドメス出版） |
| 1989（平元） | | 主婦連合会名誉会長となる |
| | | 福井市より福井市名誉市民に選ばれる |
| 1994（平6） | 11月 | 白寿を祝う会を開く |
| 1995（平7） | | 主婦会館名誉館長となる |
| 1997（平9） | 7月7日 | 死去　享年101歳 |
| | | 正四位に叙せらる |

これらは奥むめお著、「野火あかあかと」（ドメス出版）、中村紀伊著、「福祉に生きる　奥むめお」（大空社）を参照しました。

## 古川奈美子（ふるかわ　なみこ）

東京に生まれる。小学校卒業の後、山形へ疎開。

山形大学卒業後、山形の小中学校の教諭となる。

その後東京にもどり、1959年から８年間、参議院議員　奥むめお氏の秘書を務めた。

1994年　荒川、隅田川の旧岩淵水門　誕生70周年記念のミュージカル「赤い水門賛歌」の公募に、入選。

これを機に、子どもの本に親しみ持ち、以後、介護、子育てをしながら、「絵本の読み聞かせ」「手作り絵本」「おりがみ教室」などで地域活動。

現在は、桜美林大学アカデミー児童文学講座で、児童文学作家　日野多香子氏に師事し、作品を書き続けている。

旧姓、上野。

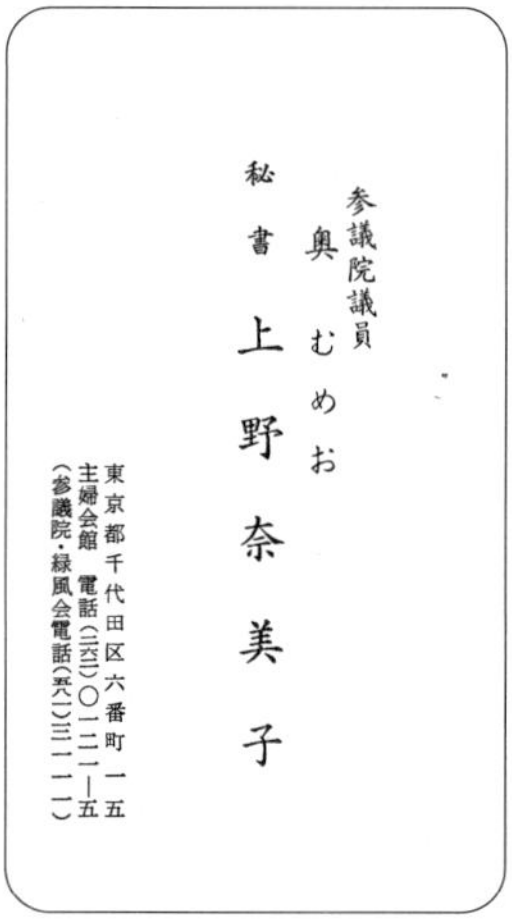
参議院議員
奥　むめお
秘書
上野奈美子
東京都千代田区六番町一五
主婦会館　電話（二六三）〇一二一―五
（参議院・緑風会電話（五八一）三一一一）

# 財団法人　主婦会館

財団法人　主婦会館
　主婦連合会の活動拠点として、昭和31年（1956）に誕生した主婦会館は、初代館長である奥むめおの「消費者運動のための会館」という考え方を受け継いでいる施設です。平成10年（1998）には主婦会館プラザエフとして改築され、消費者相談や消費者セミナーなどの公益事業の運営と同時に、広く皆様方の交流、会合、活動の場として、レストラン、貸会議室・宴会場の運営を行っています。４階の「主婦会館クリニック」では、婦人科の診療やカウンセリングを行っています。

〒102-0085　東京都千代田区六番町15
TEL：03-3265-81111
ホームページ：http ://www.plaza-f.or.jp

NDC 916
古川奈美子　作
神奈川　銀の鈴社　2012
264P　21cm（奥むめおものがたり）

ジュニア・ノンフィクション
# 奥むめおものがたり
## 女性解放への厳しい道を歩んだ人

二〇一二年七月七日　一五〇〇円＋税
著　者――古川奈美子©
挿　画――阿見みどり©
発行者――柴崎聡・西野真由美
発行所――㈱銀の鈴社　http://www.ginsuzu.com
〒248―0005　神奈川県鎌倉市雪ノ下三―八―三三
電　話　〇四六七―六一―一九三〇
FAX　〇四六七―六一―一九三一
〈落丁・乱丁はおとりかえいたします〉
ISBN978-4-87786-542-9 C8095
印刷・電算印刷　製本・渋谷文泉閣